Moriae encomium

1509

ERASMUS

TABLE OF CONTENTS

ERASMUS ROT. THOMAE MORO SVO S. D. 5

MORIAS ENCOMION ID EST: STVLTITIAE LAVS DESIDERII ERASMI
ROTERODAMI DECLAMATIO 9

ERASMUS ROT. THOMAE MORO SVO S. D.

Superioribus diebus cum me ex Italia in Angliam recepissem, ne totum hoc tempus quo equo fuit insidendum amusois et illitteratis fabulis tereretur, malui mecum aliquoties uel de communibus studiis nostris aliquid agitare, uel amicorum, quos hic ut doctissimos ita et suauissimos reliqueram, recordatione frui. Inter hos tu, mi More, uel in primis occurrebas; cuius equidem absentis absens memoria non aliter frui solebam quam presentis presens consuetudine consueueram; qua disperearn si quid unquam in uita contigit mellitius. Ergo quoniam omnino aliquid agendum duxi, et id tempus ad seriam commentationem parum uidebatur accommodatum, uisum est Moriæ Encomium ludere.

Que Pallas istuc tibi misit in mentem? inquies. Primum admonuit me Mori cognomen tibi gentile, quod tam ad Moriæ uocabulum accedit quam es ipse a re alienus; es autem uel omnium suffragiis alienissimus. Deinde suspicabar hunc ingenii nostri lusum tibi precipue probatum iri, propterea quod soleas huius generis iocis, hoc est nec indoctis, ni fallor, nec usquequaque insulsis, impendio delectari, et omnino in communi mortalium uita Democritum quendam agere. Quanquam tu quidem, ut pro singulari quadam ingenii tui perspicacitate longe lateque a uulgo dissentire soles, ita pro incredibili morum suauitate facilitateque cum omnibus omnium horarum hominem agere et potes et gaudes. Hanc igitur declamatiunculam non solum lubens accipies ceu mnemosunon tui sodalis, uerum etiam tuendam suscipies, utpote tibi dicatam iamque tuam non meam.

Etenim non deerunt fortasse uitilitigatores, qui calum nientur partim leuiores esse nugas quam ut theologum deceant, partim mordaciores quam ut Christiane conueniant modestie; nosque clamitabunt ueterem comediam aut Lucianum quempiam referre atque omnia mordicus arripere. Verum quos argumenti leuitas et ludicrum offendit, cogitent uelim non meum hoc exemplum esse, sed idem iam olim a magnis auctoribus factitatum; cum ante tot secula Batrachomuomachian luserit Homerus, Maro Culicem et Moretum, Nucem Ouidius; cum Busyriden laudarit Polycrates et huius castigator Isocrates, iniustitiam Glauco, Thersiten et quartanam febrim Fauorinus, caluitiem Synesius, muscam et parasiticam Lucianus; cum Seneca Claudii luserit apotheôsin, Plutarchus Grylli cum Ulysse dialogum, Lucianus et Apuleius Asinum, et nescio quis Grunnii Coro cottæ porcelli testamentum, cuius et diuus meminit Hieronymus Proinde, si uidebitur, fingant isti me laterunculis in terim animi causa lusisse, aut si malint equitasse in arundine longa. Nam que tandem est iniquitas, cum omni uite insti tuto suos lusus concedamus, studiis nullum omnino lusum permittere, maxime si nuge seria ducant, atque ita tractentur ludicra ut ex his aliquanto plus frugis referat lector non omnino naris obese, quam ex quorundam tetricis ac splendidis argumentis? ueluti cum alius diu consarcinata oratione rhetoricen aut philosophiam laudat, alius principis alicuius laudes describit, alius ad bellum aduersus Turcas mouendum adhortatur, alius futura predicit. alius nouas de lana caprina comminiscitur questiunculas. Vt enim nihil nugacius quam seria nugatorie tractare, ita nihil festiuius quam ita tractare nugas ut nihil minus quam nugatus fuisse uidearis. De me quidem aliorum erit iudicium; tamet si, nisi plane me fallit philautia, Stulticiam laudauimus, sed non omnino stulte.

Iam uero ut de mordacitatis cauillatione respondeam, semper hec ingeniis libertas permissa fuit, ut in communem hominum uitam salibus luderent impune, modo ne licentia exiret in rabiem. Quo magis admiror his temporibus aurium delicias que nihil iam fere nisi solennes titulos ferre possunt. Porro nonnullos adeo prepostere religiosos uideas, ut uel grauissima in Christum conuicia ferant citius quam pontificem aut principem leuissimo ioco aspergi, presertim si quid pros ta alphita id est ad questum, attinet. At enim qui uitas hominum ita taxat ut neminem omnino perstringat nominatim, queso utrum is mordere uidetur an docere potius ac monere? Alioqui quot obsecro nominibus ipse me taxo? Preterea qui nullum hominum genus pretermittit, is nulli homini, uiciis omnibus iratus uidetur. Ergo si quis extiterit qui sese lesum clamabit, is aut conscientiam prodet suam aut certe metum. Lusit hoc in genere multo liberius ac mordacius diuus Hieronymus, ne nominibus quidem ali quoties parcens. Nos preterquam quod a nominibus in to tum abstinemus, ita preterea stilum temperauimus ut cordatus lector facile sit intellecturus nos uoluptatem magis quam morsum quesisse. Neque enim ad Iuuenalis exemplum occultam illam scelerum sentinam usquam mouimus, et ridenda magis quam foeda recensere studuimus. Tum si quis est quem nec ista placare possunt, is saltem illud meminerit, pulchrum esse a Stulticia uituperari; quam cum loquentem fecerimus, decoro persone seruiendum fuit. Sed quid ego hec tibi, patrono tam singulari ut causas etiam non optimas optime tamen tueri possis? Vale, disertissime More, et Moriam tuam gnauiter defende.

Ex Rure Quinto Idus Iunias, [AN. MDVII].

MORIAS ENCOMION ID EST: STVLTITIAE LAVS DESIDERII ERASMI ROTERODAMI DECLAMATIO

Stultitia loquitur

1. Vtcumque de me uulgo mortales loquuntur, neque enim sum nescia, quam male audiat STVLTITIA etiam apud stultissimos, tamen hanc esse, hanc, inquam, esse unam, quæ meo numine Deos atque homines exhilaro, uel illud abunde magnum est argumentum, quod simulatque in hunc coetum frequentissimum dictura prodii, sic repente omnium uultus noua quadam atque insolita hilaritate enituerunt, sic subito frontem exporrexistis, sic læto quodam et amabili applausistis risu, ut mihi profecto quotquot undique præsentes intueor, pariter deorum Homericorum nectare non sine nepenthe temulenti esse uideamini, cum antehac tristes ac solliciti sederitis, perinde quasi nuper e Trophonii specu reuersi. Cæterum quemadmodum fieri consueuit, ut cum primum sol formosum illud et aureum os terris ostenderit, aut ubi post asperam hiemem, nouum uer blandis adspirarit Fauoniis, protinus noua rebus omnibus facies, nouus color ac plane iuuenta quædam redeat, ita uobis me conspecta, mox alius accessit uultus. Itaque quod magni alioqui Rhetores, uix longa diuque meditata oratione possunt efficere, nempe ut molestas animi curas discutiant, id ego solo statim adspectu præstiti.

2 Quamobrem autem hoc insolito cultu prodierim hodie, iam audietis, si modo non grauabimini dicenti præbere aures, non eas sane quas sacris Concionatoribus, sed quas fori circulatoribus, scurris ac morionibus consueuistis arrigere, quasque olim Midas ille noster exhibuit Pani. Lubitum est enim paulisper apud uos Sophistam agere, non quidem huius generis quod hodie nugas quasdam anxias inculcat pueris, ac plusquam muliebrem

rixandi pertinaciam tradit, sed ueteres illos imitabor, qui quo infamem Sophorum appellationem uitarent, Sophistæ uocari maluerunt. Horum studium erat, Deorum ac fortium uirorum laudes encomiis celebrare. Encomium igitur audietis, non Herculis, neque Solonis, sed meum ipsius, hoc est, STVLTITIÆ

3. Iam uero non huius facio sapientes istos qui stultissimum et insolentissimum esse prædicant, si quis ipse laudibus se ferat. Sit sane quam uolent stultum, modo decorum esse fateantur. Quid enim magis quadrat, quam ut ipsa Moria suarum laudum sit buccinatrix, et Autê heautês aulê. Quis enim me melius exprimat quam ipsa me? Nisi si eui forte notior sim, quam egomet sum mihi. Quamquam ego hoc alioqui, non paulo etiam modestius arbitror, quam id quod optimatum ac sapientum uulgus fætitat, qui peruerso quodam pudore uel Rhetorem quempiam palponem, uel Poetam uaniloquum, subornare solent, eumque mercede conductum, a quo suas laudes audiant, hoc est, mera mendacia, et tamen uerecundus interim ille, pauonis in morem pennas tollit, cristas erigit, cum impudens assentator nihili hominem Diis æquiparat, cum absolutum omnium uirtutum exemplar proponit, a quo sciat ille se plusquam dis dia pasôn abesse: cum corniculam alienis conuestit plumis: cum ton Aithiopa leucainei, denique cum ec muias ton elephanta poiei. Postremo sequor tritum illud uulgi prouerbium, quo dicitur is recte laudare sese, cui nemo alius contigit laudator. Quamquam hic interim demiror mortalium, ingratitudinem dicam, an segnitiem, quorum cum omnes me studiose colant, meamque libenter sentiant beneficentiam, nemo tamen tot iam sæculis exstitit, qui grata oratione STVLTITIÆ laudes celebrarit, cum non defuerint, qui Busirides, Phalarides, febres quartanas, muscas, caluitia, atque id genus pestes, accuratis magnaque et olei et somni iactura elucubratis laudibus uexerint. A me extemporariam quidem illam et illaboratam, sed tanto ueriorem audietis orationem.

4. Id quod nolim existimetis ad ingenii ostentationem esse confictum, quemadmodum uulgus oratorum facit. Nam ii, sicuti nostis, cum orationem totis triginta annis elaboratam, nonnumquam et alienam proferunt, tamen triduo sibi quasi per lusum scriptam, aut etiam dictatam esse deierant. Mihi porro semper gratissmum fuit hoti an epi glôttan elthoi dicere. At ne quis iam a nobis expectet ut iuxta uulgarium istorum rhetorum consuetudinem, me ipsam finitione explicem porro ut diuidam, multo minus. Nam utrumque ominis est inauspicati, uel fine circumscribere eam cuius numen tam late pateat, uel secare, in cuius cultum omne rerum genus ita consentiat. Tametsi quorsum tandem attinet mei uelut umbram atque imaginem finitione repræsentare, cum ipsam me coram præsentes præsentem oculis intueamini? Sum etenim uti uidetis, uera illa largitrix eaôn, quam Latini STVLTITIAM, Græci MÔRIAN appellant.

5. Quamquam quid uel hoc opus erat dicere, quasi non ipso ex uultu fronteque, quod aiunt, satis quæ sim præ me feram, aut quasi si quis me Mineruam, aut Sophiam esse contendat, non statim solo possit obtutu coargui, etiam si nulla accedat oratio, minime mendax animi speculum. Nullus apud me fucis locus, nec aliud fronte simulo, aliud in pectore premo. Sumque mei undique simillima, adeo ut nec ii me dissimulare possint, qui maxime Sapientiæ personam ac titulum sibi uindicant, kai tê porphura pithêkoi, kai in tê leontê onoi, obambulant. Quamuis autem sedulo fingant, tamen alicunde prominentes auriculæ Midam produnt. Ingratum mehercle et hoc hominum genus, qui cum maxime sint nostræ factionis, tamen apud uulgum cognominis nostri sic pudet, ut id passim aliis magni probri uice obiiciant. Proinde istos cum sint môrotatoi, cæterum sophi ac Thaletes uideri uelint, nonne iure optimo môrosophous illos appellabimus?

6. Visum est enim hac quoque parte nostri temporis Rhetores imitari, qui plane Deos esse sese credunt, si hirudinum ritu bilingues appareant, ac præclarum facinus esse ducunt, Latinis orationibus subinde Græculas aliquot uoculas, uelut emblemata intertexere, etiam si nunc non erat his locus. Porro si desunt exotica, e putribus chartis quatuor aut quinque prisca uerba eruunt, quibus tenebras offundant lectori, uidelicet, ut qui intelligunt, magis ac magis sibi placeant: qui non intelligunt, hoc ipso magis admirentur quo minus intelligunt. Quandoquidem est sane et hoc nostratium uoluptatum genus non inelegans, quam maxime peregrina maxime suspicere. Quod si qui paulo sunt ambitiosiores, arrideant tamen et applaudant, atque asini exemplo ta ôta kinôsi, quo cæteris probe intelligere uideantur, kai tauta dê men tauta. Nunc ad institutum recurro.

7. Nomen igitur habetis: Viri, Quid addam epitheti? Quid nisi stultissimi? Nam quo alio honestiore cognomine Mystas suos compellet Dea STVLTITIA? Sed quoniam non perinde multis notum est, quo genere prognata sim, id iam Musis bene iuuantibus exponere conabor. Mihi uero neque Chaos, neque Saturnus, neque Iapetus, aut alius id genus obsoletorum, ac putrium Deorum quispiam pater fuit. Sed ploutos ipse unus, uel inuitis Hesiodo et Homero, atque ipso adeo Ioue, patêr andrôn te theôn te. Cuius unius nutu, ut olim ita nunc quoque sacra profanaque omnia sursum ac deorsum miscentur. Cuius arbitrio bella, paces, imperia, consilia, iudicia, comitia, connubia, pacta, foedera, leges, artes, ludicra, seria, iam spiritus me deficit, breuiter, publica priuataque omnia mortalium negotia administrantur. Citra cuius opem, totus ille Poeticorum Numinum populus, dicam audacius, ipsi quoque Dii selecti, aut omnino non essent, aut certe oikositoi sane quam frigide uictitarent. Quem quisquis iratum habuerit, huic ne Pallas quidem satis auxilii tulerit. Contra, quisquis

propitium, is uel summo Ioui, cum suo fulmine mandare laqueum possit. Toutou patros euchomai einai. Atque hic quidem me progenuit non e cerebro suo, quemadmodum tetricam illam ac toruam Palladem Iupiter, uerum ex Neotete Nympha multo omnium uenustissima, pariter ac festiuissima. Neque rursum id tristi illi illigatus coniugio, quomodo faber ille claudus natus est, uerum quod non paulo suauius en philotêti michtheis: quemadmodum noster ait Homerus. Genuit autem, ne quid erretis, non Aristophanicus ille Plutus, iam capularis, iam oculis captus, sed quondam integer adhuc calidusque iuuenta, neque iuuenta solum, uerum multo magis nectare, quod tum forte in Deorum conuiuio largius ac meracius hauserat.

8. Quod si locum quoque natalem requiritis, quandoquidem id hodie uel inprimis ad nobilitatem interesse putant, quo loco primos edideris uagitus, ego nec in erratica Delo, nec in undoso mari, nec en spessi glaphuroisi sum edita, sed in ipsis insulis fortunatis, ubi aspata kai anêrota omnia proueniunt. In quibus neque labor, neque senium, neque morbus est ullus, nec usquam in agris asphodelus, malua, squilla, lupinumue, aut faba, aut aliud hoc genus nugarum conspicitur. Sed passim oculis, simulque naribus adblandiuntur moly, panace, nepenthes, amaracus, ambrosia, lotus, rosa, uiola, Hyacinthus, Adonidis hortuli. Atque in his quidem nata delitiis, nequaquam a fletu sum auspicata uitam, sed protinus blande arrisi matri. Iam uero non inuideo tô hupatô Kroniôni capram altricem, cum me duæ lepidissimæ Nymphæ suis aluerint mammis, Methe Baccho progenita, et Apædia Panos filia. Quas hic quoque in cæterarum comitum ac pedissequarum mearum consortio uidetis. Quarum mehercle nomina, si uoletis cognoscere, ex me quidem non nisi Græce audietis.

9. Hæc nimirum quam sublatis superciliis conspicamini, philautia est. Huic quam uelut arridentibus oculis, ac plaudentem manibus uidetis, kolakia nomen Hæc semisomnis ac dormitanti similis lêthê vocatur. Hæc cubito utroque innitens, confertisque manibus, misoponia dicitur. Hæc roseo reuincta serto, et undique delibuta unguentis, hêdonê. Hæc lubricis et huc atque illuc errantibus luminibus, anoia dicitur. Hæc nitida cute, probeque saginato corpore truphê nomen habet. Videtis et Deos, puellis admixtos, quorum alterum kômon uocant, alterum nêgreton huponn. Inquam, famulitii fidelibus auxiliis genus omne rerum meæ subiicio ditioni, ipsis etiam imperans imperatoribus.

10. Genus, educationem, et comites audistis. Nunc, ne cui sine causa uidear mihi Deæ nomen usurpare, quantis commoditatibus Deos simul et homines adficiam, quamque late meum pateat numen arrectis auribus accipite. Etenim si non inscite scripsit quidam, hoc demum esse Deum, iuuare mortales, et si merito in Deorum senatum adsciti sunt, qui uinum,

aut frumentum aut unam aliquam huiusmodi commoditatem mortalibus ostenderunt, cur non ego iure, Deorum omnium alpha dicar, habearque, quæ una omnibus largior omnia?

11. Principio quid esse potest uita ipsa uel dulcius, uel pretiosius? At huius exordium cui tandem acceptum ferri conuenit, nisi mihi? Neque enim aut obrimopatrês hasta Palladis, aut nephelegeretou Iouis ægis hominum genus uel progignit, uel propagat. Verum ipse Deum pater atque hominum Rex, qui totum nutu tremefactat Olympum, fulmen illud trisulcum ponat oportet, et uultum illum Titanicum, quo, cum lubet, Deos omneis territat, planeque histrionum more, aliena sumenda misero persona, si quando uelit id facere, quod numquam non facit, hoc est paidopoiein. Iam uero Stoici se Diis proximos autumant. At date mihi terque quaterque, aut si libet, sexcenties Stoicum, tamen huic quoque, si non barba insigne sapientiæ, etiam si cum hircis commune, certe supercilium erit ponendum, explicanda frons, abicienda dogmata illa adamantina, ineptiendum ac delirandum aliquantisper. In summa, me, me inquam, sapiens accersat oportet, si modo pater esse uelit. Et cur non apertius meo more uobiscum fabuler? Quæso num caput, num facies, num pectus, num manus, num auris, quæ partes honestæ putantur, progenerant Deos aut homines? Non, opinor, imo ea pars adeo stulta, adeoque ridicula, ut nec nominari citra risum possit, humani generis est propagatrix. Is est sacer ille fons, unde uitam hauriunt omnia uerius quam ille Pythagoricus quaternio. Age uero, qui uir, obsecro, matrimonii capistro uelit præbere os, si quemadmodum isti sapientes facere consueuerunt, prius eius uitæ incommoda secum perpenderit: aut quæ tandem mulier uirum admissura sit, si partus periculosos labores, si educationis molestiam, uel norit, uel cogitarit? Porro si coniugiis debetis uitam, coniugium autem debetis anoia pedissequæ, mihi nimirum quid debeatis, intelligitis. Tum quæ semel hæc experta, denuo repetere uelit nisi lêthês præsens nomen adfuerit? Neque uero id Venus ipsa, uel reclamante Lucretio, umquam inficias iuerit, sine nostri numinis accessione, suam uim mancam atque irritam esse. Itaque ex nostro illo temulento ridiculoque lusu, proueniunt, et superciliosi Philosophi, in quorum locum nunc successere, quos uulgus Monachos appellat, et purpurei reges et pii sacerdotes, et ter sacntissimi Pontifices. Postremo totus etiam ille Deorum Poeticorum coetus, adeo frequens, ut turbam uix iam ipse capiat Olympus, tametsi spatiosissimus.

12. At sane parum sit mihi uitæ seminarium, ac fontem deberi, nisi quidquid in omni uita commodi est, id quoque totum ostendero mei muneris esse. Quid autem uita hæc, num omnino uita uidetur appellanda, si uoluptatem detraxeris? Applausistis. Equidem sciebam neminem uestrum ita sapere, uel desipere magis, imo sapere potius, ut in hac esset sententia.

Quamquam ne Stoici quidem isti uoluptatem adspernantur, tametsi sedulo dissimulant, milleque conuitiis eam apud uulgus dilacerant, nimirum ut deterritis aliis, ipsi prolixius fruantur. Sed dicant mihi per Iouem, quæ tandem uitæ pars est, non tristis, non in infestiua, non inuenusta, non insipida, non molesta, nisi uoluptatem, id est, stultitiæ condimentum adjunxeris? Cuius rei cum satis idoneus testis esse possit, ille numquam satis laudatus Sophocles, cuius exstat pulcerrimum illud de nobis Elogium, en tô phronein gar mêdev hêdistos bios, tamen age, rem omnem sigillatim aperiamus.

13. Principio quis nescit primam hominis ætatem multo lætissimam, multoque omnibus gratissimam esse? Quid est enim illud in infantibus, quod sic exosculamur, sic amplectimur, sic fouemus, ut hostis etiam huic ætati ferat opem, nisi stultitiæ lenocinium, quod data opera prudens natura, recens natis adjunxit, ut aliquo uoluptatis uelut auctoramento, et educantium labores delinire queant, et tuentium fauores eblandiantur? Deinde quæ succedit huic adolescentia, quam est apud omnes gratiosa, quam candide fauent omnes, quam studiose prouehunt, quam officiose porrigunt auxiliares manus? At unde, quæso, ista iuuentæ gratia? unde, nisi ex me? Cuius beneficio quam minimum sapit, atque ob id quam minime ringitur. Mentior, nisi mox ubi grandiores facti, per rerum usum, ac disciplinas uirile quiddam sapere coeperint, continuo deflorescit formæ nitor, languescit alacritas, frigescit lepos, labascit uigor. Quoque longius a me subducitur, hoc minus minusque uiuit, donec succedat to chalepon gêras, id est, molesta senectus, non iam aliis modo, uerum etiam sibimet inuisa. Quæ quidem prorsum nulli mortalium foret tolerabilis, nisi rursum tantorum miserta laborum dextra adessem, et quemadmodum Dii Poetarum solent pereuntibus aliqua metamorphosi succurrere, itidem ego quoque iam capulo proximos denuo quoad licet, ad pueritiam eos reuocarem. Vnde non abs re uulgus eos palimpaidas appellare consueuit. Porro si quis transformandi rationem requirat, ne id quidem celarim. Ad Lethes nostræ fontem, nam Insulis Fortunatis oritur (siquidem apud Inferos tenuis modo riuulus labitur), eos produco, ut simul atque illic longa potarint obliuia, paulatim dilutis animi curis repubescant. At isti iam delirant, inquiunt, iam desipiunt. Esto sane. Sed istud ipsum est repuerascere. An uero aliud est puerum esse quam delirare, quam desipere? An non hoc uel maxime in ea delectat ætate, quod nihil sapit? Quis enim non ceu portentum oderit, atque exsecretur puerum uirili sapientia? Adstipulatur et uulgo iactatum prouerbium: Odi puerulum præcoci sapientia. Quis autem sustineret habere commercium aut consuetudinem cum eo sene, qui ad tantam rerum experientiam, parem animi uigorem iudiciique acrimoniam adiunxisset? Itaque delirat senex meo munere. Sed tamen delirus iste meus interim miseris illis curis uacat, quibus sapiens ille distorquetur. Interim non

illepidus est compotor. Non sensit uitæ tædium, quod robustior ætas uix tolerat. Nonnumquam cum sene Plautino ad tres illas litteras reuertitur, infelicissimus si sapiat: At interim meo beneficio felix, interim amicis gratus, ne congerro quidem infestiuus. Quandoquidem et apud Homerum e Nestoris ore fiuit oratio melle dulcior, cum Achillis sit amarulenta, et apud eumdem, senes in moenibus considentes, tên leirioessan uocem edunt. Quo quidem calculo ipsam etiam superant pueritiam, suauem quidem illam, sed infantem, ac præcipuo uitæ oblectamento, puta garrulitate carentem. Addite huc quod pueris quoque gaudeant impensius senes, ac pueri uicissim senibus delectantur, hôs aiei ton homoion agei theos hôs ton homoion. Quid enim inter illos non conuenit, nisi quod hic rugosior et plures numerat natales? Alioqui capillorum albor, os edentulum, corporis modus minor, lactis appetentia, balbuties, garrulitas, ineptia, obliuio, incogitantia, breuiter omnia cætera congruunt. Quoque magis accedunt ad senectam, hoc propius ad pueritiæ similitudinem redeunt, donec puerorum ritu, citra uitæ tædium, citra mortis sensum emigrant e vita.

14. Eat nunc qui uolet, et hoc meum beneficium cum reliquorum Deorum metamorphosi comparet. Qui quid irati faciant, non libet commemorare: sed quibus quam maxime propitii sunt, eos solent in arborem, in auem, in cicadam aut etiam in serpentem transformare: quasi uero non istud ipsum sit perire, aliud fieri. Ego uero hominem eumdem optimæ ac felicissimæ uitæ parti restituo. Quod si mortales prorsus ab omni sapientiæ commercio temperarent, ac perpetuo mecum ætatem agerent, ne esset quidem ullum senium, uerum perpetua iuuenta fruerentur felices. An non uidetis tetricos istos et uel Philosophiæ studiis, uel seriis et arduis addictos negotiis plerumque priusquam plane iuuenes sint, iam consenuisse, uidelicet curis, et assidua acrique cogitationum agitatione sensim spiritus et succum illum uitalem exhauriente? Cum contra Moriones mei pinguiculi sint, et nitidi, et bene curata cute, plane choiroi, quod aiunt, Akaranioi, numquam profecto senectutis incommodum ullum sensuri, nisi nonnihil, ut fit, sapientum contagio inficerentur. Adeo nihil patitur hominum uita, omni ex parte beatum esse. Accedit ad hæc uulgati prouerbii non leue testimonium, quo dictitant, STVLTITIAM unam esse rem, quæ et iuuentam alioqui fugacissimam remoretur, et improbam senectam procul arceat. Vt non temere de Brabantis populari sermone iactatum sit. Cum cæteris hominibus ætas prudentiam adferre soleat, hos quo propius ad senectam accedunt, hoc magis atque magis stultescere. Atqui hac gente non est alia, uel ad communem uitæ consuetudinem festiuior, uel quæ minus sentiat senectutis tristitiam. His quidem ut loco, ita et uitæ instituto confines sunt Hollandi mei, cur enim non meos appellem, usque adeo studiosos mei cultores, ut inde uulgo cognomen emeruerint? cuius illos adeo non pudet, ut hinc uel præcipue sese iactitent. Eant nunc stultissimi mortales, et Medeas,

Circes, Veneres, Auroras, et fontem, nescio quem, requirant, quo sibi iuuentam restituant, cum id sola præstare et possim et soleam. Apud me succus est ille mirificus, quo Memnonis filia Tithoni aui sui iuuentam prorogauit. Ego sum Venus illa, cuius fauore Phaon ille repubuit, ita ut a Sapphone tantopere deamaretur. Meæ sunt herbæ, si quæ sunt, mea precamina, meus ille fons, qui non solum reuocat elapsam adolescentiam, sed quod est optabilius, perpetuam seruat. Quod si omnes huic sententiæ subscribitis, adolescentia nihil esse melius, senectute nihil detestabilius, quantum mihi debeatis uidetis opinor, quæ tantum bonum retineat, tanto excluso malo.

15. Sed quid adhuc de mortalibus loquor? Coelum omne lustrate, et mihi meum nomen opprobret licebit, quicumque uolet, si quem omnino Deorum repererit non insuauem et aspernabilem, nisi meo numine commendetur. Etenim cur semper ephebus et comatus Bacchus? Nempe quia uecors ac temulentus, conuiuiis, saltationibus, choreis, lusibus uitam omnem transigens, ne tantulum quidem habet cum Pallade commercii. Denique tantum abest, ut sapiens haberi postulet, ut ludibriis ac iocis coli gaudeat. Neque prouerbio offenditur, quod illi fatui cognomentum attribuit, id est huiusmodi, moruchou môrteros. Porro Morycho nomen uerterunt, quod illum pro templi foribus sedentem, musto ficisque recentibus, agricolarum lasciuia consueuerit oblinere. Tum autem quid non scommatum in hunc uetus iacit comoedia? O insulsum, inquiunt, Deum, et dignum qui ex inguine nasceretur. At quis non malit hic fatuus et insulsus esse, semper festiuus, semper pubescens, semper omnibus lusus ac uoluptatem adferens, quam uel agkulomêtis ille Iupiter omnibus formidabilis, uel Pan suis tumultibus omnia senio uitians, uel fauillis oppletus Vulcanus, ac semper of ficinæ laboribus squalidus, aut Pallas etiam ipsa, sua Gorgone et hasta terribilis kai æi enorôsa drimu. Cur semper puer Cupido? Cur? nisi quia nugator est, kai mêdev hugies neque facit, neque cogitat? Cur aureæ Veneri semper uornat sua forma? Nimirum, quia mecum habet affinitatem, unde et patris mei colorem uultu refert, atque hac de causa est apud Homerum, chrusê Aphroditê. Deinde perpetuo ridet, si quid modo Poetis credimus, aut horum æmulis Statuariis. Quod numen umquam religiosius coluere Romani, quam Floræ omnium uoluptatum parentis? Quamquam si quis etiam tetricorum Deorum uitam diligentius requirat ab Homero, reliquisque Poetis, reperiet stultitiæ plena omnia. Quid enim attinet reliquorum facta commemorare, cum Iouis ipsius fulminatoris amores ac lusus probe noritis? cum seuera illa Diana oblita sexus, nihil aliud quam uenetur, Endymionem interim deperiens? Verum illi sua facinora a Momo audiant malim, a quo sæpius quondam audire solebant. Sed hunc nuper irati una cum Ate in terras præcipitem dederunt, quod sapientia sua felicitati Deorum importunus obstreperet. Neque mortalium ullus exsulem dignatur hospitio,

tantum abest ut illi in Principum aulis sit locus, in quibus tamen mea kolakia primas tenet, cui cum Momo non magis conuenit, quam cum agno lupis. Itaque sublato illo, iam multo licentius ac suauius nugantur Dii, uere raon agontes, ut inquit Homerus, nullo uidelicet censore. Quos enim non præbet iocos ficulnus ille Priapus? Quos non ludos exhibet furtis ac præstigiis suis Mercurius? Quin et Vulcanus ipse in Deorum conuiuiis gelôtopoion agere consueuit, ac modo claudicatione, modo cauillis, modo ridiculis dictis exhilarare compotationem. Tum et Silenus ille senex amator, tên kordaka saltare solitus, una cum Polyphemo tên threttanelo, Nymphis tên gumnopodian saltantibus. Satyri semicapri Atellanas agitant, Pan insulsa quapiam cantiuncula risum omnibus mouet, quem ita malunt, quam ipsas audire Musas, præcipue cum iam nectare coeperint madere. Porro quid ego nunc commemorem, quæ probe poti Dii post conuiuium agitent? adeo mehercle stulta, ut ipsa nonnumquam a risu temperare nequeam. At satius est in his Harpocratis meminisse, ne quis forte nos quoque Corycæus aliquis Deus auscultet, ea narrantes, quæ ne Momus quidem impune proloquutus est.

16. Sed iam tempus est, ut ad Homericum exemplar relictis Coelitibus uicissim in terram demigremus, quamque ibi nihil lætum, aut felix, nisi meo munere, dispiciamus. In primis uidetis, quanta prouidentia Natura parens et humani generis opifex, illud cauerit, ne usquam deesset stultitiæ condimentum? Etenim cum Stoicis definitoribus nihil aliud sit sapientia, quam duci ratione; contra stultitia, affectuum arbitrio moueri, ne plane tristis ac tetrica esset hominum uita, Iupiter quanto plus indidit affectuum quam rationis? quasi semiunciam compares ad assem. Præterea rationem in angustum capitis angulum relegauit, reliquum omne corpus perturbationibus reliquit. Deinde duos quasi tyrannos uiolentissimos uni opposuit, iram, quæ præcordiorum arcem obtinet, atque adeo ipsum uitæ fontem cor, et concupiscentiam, quæ ad imam usque pubem latissime imperium occupat. Aduersus has geminas copias quantum ualeat ratio, communis hominum uita satis declarat, cum illa, quod unum licet, uel usque ad rauim reclamat, et honesti dictat formulas. Verum hi laqueum regi suo remittunt, multoque odiosius obstrepunt, donec iam is quoque fessus ultro cedit, ac manus dat.

17. Cæterum quoniam uiro administrandis rebus nato, plusculum de rationis unciola erat adspergendum, ut huic quoque pro uirili consuleret, me sicut in cæteris in consilium adhibuit, moxque consilium dedi me dignum: nempe uti mulierem adiungeret, animal, uidelicet, stultum quidem illud atque ineptum, uerum ridiculum et suaue, quo conuictu domestico, uirilis ingenii tristitiam, sua stultitia condiret atque edulcaret. Nam, quod Plato dubitare uidetur, utro in genere ponat mulierem, rationalium animantium,

an brutorum, nihil aliud uoluit, quam insignem eius sexus stultitiam indicare. Quod si qua forte mulier sapiens haberi uoluit, ea nihil aliud agit quam ut bis stulta sit, perinde quasi bouem aliquis ducat ad ceroma, inuita reluctanteque, ut aiunt, Minerua. Conduplicat enim uitium, quisquis contra naturam, uirtutis fucum inducit, atque alio deflectit ingenium. Quemadmodum, iuxta Græcorum prouerbium, simia semper est simia, etiam si purpura uestiatur: Ita mulier semper mulier est, hoc est, stulta, quamcumque personam induxerit. Neque uero mulierum genus usque adeo stultum arbitror, ut eam ob rem mihi succenseant, quod illis et ipsa mulier, et STVLTITIA stultitiam attribuam. Etenim si rem recta reputent uia, hoc ipsum Stultitiæ debent acceptum ferre, quod sint uiris multis calculis fortunatiores. Primum formæ gratiam, quam illæ merito rebus omnibus anteponunt, cuiusque præsidio in tyrannos etiam ipsos tyrannidem exercent. Alioqui undenam horror ille formæ, hispida cutis, et barbæ sylua, plane senile quoddam in uiro, nisi a prudentiæ uitio, cum feminarum semper læues malæ, uox semper exilis, cutis mollicula, quasi perpetuam quamdam adolescentiam imitentur? Deinde quid aliud optant in hac uita, quam ut uiris quam maxime placeant? Nonne huc spectant tot cultus, tot fuci, tot balnea, tot compturæ, tot unguenta, tot odores, tot componendi, pingendi, fingendique uultus, oculos et cutem, artes? Iam num alio nomine, uiris magis commendatæ sunt, quam stultitiæ? Quid enim est quod illi mulieribus non permittunt? At quo tandem auctoramento, nisi uoluptatis? Delectant autem non alia re, quam stultitia. Id esse uerum non ibit inficias quisquis secum reputarit, quas uir cum muliere dicat ineptias, quas agat nugas, quoties foeminea uoluptate decreuerit uti. Habetis igitur primum et præcipuum uitæ oblectamentum, quo fonte proficiscatur.

18. Sed sunt nonnulli, cumprimis autem senes bibaces quidem illi magis quam mulierosi, qui summam uoluptatem in compotationibus constituunt. Equidem an sit ullum lautum conuiuium, ubi mulier non adsit, uiderint alii. Illud certe constat, citra Stultitiæ condimentum, nullum omnino suaue esse. Adeo ut si desit, qui seu uera, seu simulata STVLTITIA risum moueat, gelôtopoion quempiam uel mercede conductum accersant, aut ridiculum aliquem parasitum adhibeant, qui ridendis, hoc est, stultis dicteriis, silentium ac tristitiam compotationis discutiat. Quorsum enim attinebat tot bellariis, tot lautitiis, tot cupediis onerare uentrem, nisi et oculi pariter et aures, nisi totus animus, risu, iocis, leporibus pasceretur? At istiusmodi tragematum ego sum architectrix unica. Quamquam illa ipsa iam in conuiuiis solennia, regem sortiri talis, lusitare tesseris, Philotesiis inuitare, certare sumperiphorais ad Myrtum canere, saltare, gesticulari, non a septem Græciæ Sophis, uerum a nobis ad humani generis salutem reperta sunt. Atqui omnium huiusmodi rerum ea natura est, ut quo plus habeant stultitiæ, hoc plus conferant uitæ mortalium, quæ si tristis sit ne uita quidem appellanda

uideatur. Tristis autem euadat oportet, nisi cognatum tædium, hoc genus oblectamentis absterseris.

19. Sed erunt fortassis, qui hoc quoque uoluptatis genus negligant, et in amicorum caritate et consuetudine acquiescant, amicitiam dictitantes unam rebus omnibus anteponendam, quippe rem usque adeo necessariam, ut nec ær, nec ignis, nec aqua magis. Rursum adeo iucundam, ut qui hanc de medio sustulerit, solem sustulerit: adeo denique honestam, si quid tamen hoc ad rem pertinet, ut nec ipsi philosophi uereantur eam inter præcipua bona commemorare. Sed quid, si doceo me huius quoque tanti boni, et puppim esse et proram? Docebo autem non crocodilitis, aut soritis ceratinis, aut aliis id genus dialecticorum argutiis, sed pingui, quod aiunt, Minerua, rem digito propemodum ostendam. Age, conniuere, labi, cæcutire, hallucinari in amicorum uitiis, quædam etiam insignia uitia pro uirtutibus amare, mirarique, an non stultitiæ uidetur affine? Quid cum alius exosculatur næuum in amica, alium delectat polypus Agnæ, cum filium strabonem appellat petum pater: quid, inquam, hoc est, nisi mera stultitia? Clament terque quaterque, stultitiam esse: atqui hæc una stultitia, et iungit iunctos, et seruat amicos. De mortalibus loquor, quorum nemo sine uitiis nascitur, optimus ille est, qui minimis urgetur: cum interim inter sapientes istos Deos, aut omnino non coalescit amicitia, aut tetrica quædam et insuauis intercedit, nec ea nisi cum paucissimis, nam cum nullis dicere religio est, propterea quod maxima pars hominum desipit, imo nullus est, qui non multis modis deliret, et non nisi inter similes cohæret necessitudo. Quod si quando inter seueros istos coierit mutua beneuolentia, ea certe haudquaquam stabilis est, nec admodum duratura, nimirum inter morosos et plus satis oculatos, ut qui in amicorum uitiis tam cernunt acutum, quam aut aquila, aut serpens Epidaurius. At ipsi in propriis uitiis quam lippiunt, et quam non uident manticam in tergo pendentem. Itaque cum ea sit hominum natura, ut nullum ingenium reperiatur non magnis obnoxium uitiis. Adde tantam annorum ac studiorum dissimilitudinem, tot lapsus, tot errata, tot casus uitæ mortalis, quo pacto uel horam constabit inter Argos istos amicitiæ iucunditas, nisi accesserit ea, quam mire Græci euêtheian appellantl, hanc seu stultitiam, seu morum facilitatem uertas licebit. Quid autem? an non Cupido ille omnis necessitudinis auctor et parens, prorsum oculis captus est, cui quemadmodum ta mê kala, kala pephantai, itidem inter uos quoque efficit, ut suum cuique pulcrum uideatur, ut cascus cascam, perinde ut pupus pupam deamet. Hæc passim et fiunt et ridentur, sed tamen hæc ridicula iucundam uitæ glutinant copulantque societatem.

20. Porro quod de amicitia dictum est, id multo magis de coniugio sentiendum, quod quidem nihil est aliud, quam indiuidua uitæ coniunctio. Deum immortalem! quæ non diuortia, aut etiam diuortiis deteriora passim

acciderent, nisi uiri foeminæque domestica consuetudo, per adulationem, per iocum, per facilitatem, errorem, dissimulationem, meum utique satellitium, fulciretur alereturque? Papæ, quam pauca coirent matrimonia, si sponsus prudenter exquireret, quos lusus delicata illa sicuti uidetur, ac pudens uirguncula iam multo ante nuptias luserit? Tum quanto pauciora cohærerent inita, nisi plurima uxorum facta per uiri uel negligentiam, uel stuporem laterent? Atque hæc quidem merito stultitiæ tribuuntur, uerum ea interim præstat, ut marito iucunda sit uxor, uxori iucundus maritus, ut tranquilla domus, ut maneat affinitas. Ridetur, cuculus, curruca, et quid non uocatur, cum moechæ lacrymas labellis exsorbet. At quanto felicius, sic errare quam zelotypiæ diligentia cum sese conficere, tum omnia miscere tragædiis?

21. In summa usque adeo nulla societas, nulla uitæ coniunctio sine me uel iucunda, uel stabilis esse potest, ut nec populus Principem, nec seruum herus, nec heram pedissequa, nec discipulum præceptor, nec amicus amicum, nec maritum uxor, nec locator conductorem, nec contubernalis contubernalem, nec conuictor conuictorem diutius ferat, nisi uicissim inter sese nunc errent, nunc adulentur, nunc prudentes conniueant, nunc aliquo stultitiæ melle sese deliniant. Iam hæc scio uideri maxima, sed audietis maiora.

22. Quæso num quemquam amabit, qui ipse semet oderit? Num cum alio concordabit, qui secum ipse dissidet? Num ulli uoluptatem adferet, qui sibimet ipsi sit grauis ac molestus? Istud, opinor, nemo dixerit, nisi qui sit ipsa stultior Stultitia. Atqui si me excluseris, adeo nemo poterit alterum ferre, ut ipse etiam sibi quisque puteat, sua cuique sordeant, sibi quisque sit inuisus. Quandoquidem id mali natura, non paucis in rebus nouerca magis quam parens, mortalium ingeniis inseuit, præcipue paulo cordatiorum, ut sui quemque poeniteat. admiretur aliena. Quo fit ut omnes dotes, omnis elegantia decorque uitæ uitietur, pereatque. Quid enim proderit forma, præcipuum Deorum immortalium munus, si putiditatis uitio contaminetur? Quid iuuenta, si senilis tristitiæ fermento corrumpatur? Denique quid in omni uitæ munere uel tecum, uel apud alios acturus es cum decoro (est enim non artis modo, uerum etiam omnis actionis caput, decere quod agas) nisi adsit dextra hæc Philautia, quæ mihi merito germanæ est uice? Adeo strenue meas ubique partes agit. Quid autem æque stultum, atque tibi ipsi placere? te ipsum admirari? At rursum quid uenustum, quid gratiosum, quid non indecorum erit, quod agas, ipse tibi displicens? Tolle hoc uitæ condimentum et protinus frigebit cum sua actione Orator, nulli placebit cum suis numeris Musicus, explodetur cum sua gesticulatione Histrio, ridebitur una suis cum Musis Poeta, sordebit cum arte Pictor, esuriet cum pharmacis Medicus. Postremo pro Nireo Thersites, pro Phaone Nestor, pro

Minerua suslls, pro facundo infans, pro urbano rusticus uideberis. In tantum necesse est, ut sibi quoque quisque blandiatur, et assentatiuncula quapiam sibi prius commendetur, quam aliis possit esse commendatus. Denique cum præcipua felicitatis pars sit, ut quod sis, esse uelis, nimirum totum hoc præstat compendio mea Philautia, ut neminem suæ formæ, neminem sui ingenii, neminem generis, neminem loci, neminem instituti, nemiminem patriæ poeniteat, adeo, ut nec Irlandus cum Italo, nec Thrax cum Atheniensi, nec Scytha cum Insulis Fortunatis cupiat permutare. Et o singularem naturæ sollicitudinem, ut in tanta rerum uarietate paria fecit omnia. Vbi dotibus suis nonnihil detraxit, ibi plusculum Philautiæ solet addere, quamquam hoc ipsum stulte profecto dixi, cum hæc ipsa dos sit uel maxima. Vt ne dicam interim, nullum egregium facinus adiri, nisi meo impulsu, nullas egregias artes, nisi me auctore fuisse repertas.

23. An non omnium laudatorum facinorum seges ac fons est bellum? Porro quid stultius, quam ob causas, nescio quas, certamen eiusmodi suscipere, unde pars utraque semper plus aufert incommodi quam boni? Nam eorum qui cadunt, veluti Megarensium oudeis logos. Dein cum iam utrimque constitere ferratæ acies, et rauco crepuerunt cornua cantu, quis, oro, Sapientum istorum usus, qui studiis exhausti, vix tenui frigidoque sanguine spiritum ducunt, crassis ac pinguibus opus est, quibus quam plurimum adsit audaciæ, mentis quam minimum. Nisi si quis Demosthenem militem malit, qui Archilochi sequutus consilium, vix conspectis hostibus, abiecto clypeo fugit tam ignavus miles, quam orator sapiens. Sed consilium, inquiunt, in bellis plurimum habet momenti. Equidem fateor in duce, verum id quidem militare, non philosophicum, alioqui parasitis, lenonibus, latronibus, sicariis, agricolis, stupidis, obæratis, et huiusmodi mortalium fece res tam præclara geritur, non Philosophis lucernariis.

24. Qui quidem quam sint ad omnem vitæ usum inutiles, vel Socrates ipse unus Apollinis oraculo sapiens, sed minime sapienter iudicatus, documento esse potest, qui nescio quid publice conatus agere, summo cum omnium risu discessit. Quamquam viris in hoc non usquequaque desipit, quod sapientis cognomen non agnoscit, atque ipsi Deo rescribit, quodque censet sapienti a Republica tractanda abstinendum esse, nisi quod potius monere debuerat, a sapientia temperandum ei, qui velit in hominum haberi numero. Deinde quid eumdem accusatum ad cicutam bibendam adegit, nisi sapientia? Nam dum nubes et ideas philosophatur, dum pulicis pedes metitur, dum culicum vocem miratur, quæ ad vitam communem attinent, non didicit. Sed adest præceptori de capite periclitanti discipulus Plato, egregius, scilicet, patronus, qui turbæ strepitu offensus, vix dimidiatam illam periodum pronunciare potuit. Iam quid dicam de Theophrasto? qui progressus in concionem, repente obmutuit, perinde quasi lupo conspecto.

Qui militem animasset in bello? Isocrates ob ingenii timiditatem nec hiscere umquam est ausus. M. Tullius eloquentiæ Romanæ parens, semper indecora trepidatione, perinde quasi puer singultiens, exordiri consuevit: Idque Fabius interpretatur cordati oratoris et periculum intelligentis argumentuml. Verum cum hoc dicit, an non palam fatetur sapientiam obstare ad rem probe gerendam? Quid isti facient, cum res ferro geritur, qui tum metu exanimantur, cum nudis verbis est decertandum? Et post hæc celebratur, si Diis placet, præclara illa Platonis sententia, beatas fore respublicas, si aut imperent philosophi, aut philosophentur Imperatores. Imo si consules historicos, reperies, nimirum, nullos reipublicæ pestilentiores fuisse Principes, quam si quando in philosophastrum aliquem aut litteris addictum inciderit imperium. Cuius rei satis, opinor, faciunt fidem Catones, quorum alter insanis delationibus reipublicæ tranquillitatem vexavit, alter libertatem Populi Romani, dum nimium sapienter vindicat, funditus subvertit. Adde his Brutos, Cassios, Gracchos, ac Ciceronem etiam ipsum, qui non minus pestilens fuit Romanorum Reipublicæ, quam Demosthenes Atheniensium. Porro Marcus Antoninus ut donemus bonum Imperatorem fuisse, iam id ipsum extorquere possim, fuit enim hoc ipso nomine gravis, atque invisus civibus, quod tam philosophus esset . Sed tamen ut donemus fuisse bonum, at certe pestilentior fuit Reipublicæ tali relicto filio, quam fuerat sua administratione salutaris. Quandoquidem solet hoc hominum genus, qui se sapientiæ studio dediderunt, cum cæteris in rebus, tum præcipue in liberis propagandis infelicissimum esse, providente opinor natura, ne malum hoc sapientiæ inter mortales latius serpat. Itaque Ciceroni degenerem fuisse filium constat, et sapiens ille Socrates liberos habuit matri similiores quam patri, ut non omnino pessime scripsit quidam, id est, stultos.

25. Sed utcumque ferendum si tantum ad publica munia forent onoi pros luran, nisi ad omnem prorsus vitæ functionem nihil essent dexteriores. Ad convivium adhibe sapientem, aut tristi silentio, aut molestis quæstiunculis obturbabit. Ad chorum advoca, camelum saltare dices. Ad publicos ludos trahe, ipso vultu populi voluptatibus obstabit et cogetur e theatro migrare sapiens Cato, quandoquidem supercilium non potest ponere. In colloquium inciderit, repente lupus in fabula. Si quid emendum, si contrahendum, breviter, si quid eorum agendum, sine quibus hæc quotidiana vita transigi non potest, stipiteml dicas sapientem istum, non hominem. Usque adeo neque sibi, neque patriæ, neque suis usquam usui esse potest, propterea quod communium rerum sit imperitus, et a populari opinione, vulgaribusque institutis longe lateque discrepet. Qua quidem ex re odium quoque consequatur necessum est, nimirum, ob tantam vitæ atque animorum dissimilitudinem. Quid enim omnino geritur inter mortales non stultitiæ plenum, idque a stultis, et apud stultos? Quod si quis unus universis velit obstrepere, huic ego suaserim, ut Timonem imitatus, in solitudinem

aliquam demigret, atque ibi solus sua fruatur sapientia.

26. Verum ut ad id quod institueram, revertar: quæ vis saxeos, quernos, et agrestes illos homines in civitatem coegit, nisi adulatio? Nihil enim aliud significat illa Amphionis et Orpheil cithara. Quæ res plebem Romanam iam extrema molientem, in concordiam civitatis revocavit? Num oratio philosophica? Minime. Imo ridiculus ac puerilis apologus de ventre, reliquisque corporis membris confictus. Idem valuit Themistoclis apologus consimilis de vulpe et ericio. Quæ Sapientis oratio tantumdem potuisset, quantum commentitia illa cerva Sertorii potuit quantum Laconis illius de duobus canibus deque vellendis equinæ caudæ pilis ridendum commentum? Ut ne quid dicam de Minoe, deque Numa, quorum uterque fabulosis inventis stultam multitudinem rexit. Huiusmodi nugis commovetur ingens ac potens illa bellua, populus.

27. At rursum, quæ civitas umquam Platonis, aut Aristotelis leges, aut Socratis dogmata recepit? Tum autem quæ res Deciis persuasit, ut ultro sese Diis Manibus devoverent? Quod Q. Curtium in specum traxit, nisi inanis gloria, dulcissima quædam Siren, sed mirum quam a Sapientibus istis damnata? Quid enim stultius, inquiunt, quam supplicem candidatum blandiri populo, congiariis favorem emere, venari tot stultorum applausus, acclamationibus sibi placere, in triumpho veluti signum aliquod populo spectandum circumferri, æneum in foro stare? Adde his nominum et cognominum adoptiones. Adde divinos honores, homuncioni exhibitos, adde publicis cerimoniis in Deos relatos etiam sceleratissimos tyrannos. Stultissima sunt hæc, et ad quæ ridenda non unus sufficiat Democritus. Quis negat? Atqui hoc fonte nata sunt fortium Heroum facinora, quæ tot eloquentium virorum litteris in coelum tolluntur. Hæc stultitia parit civitates, hac constant imperia, magistratus, religio, consilia, iudicia, nec aliud omnino est vita humana, quam stultitiæ lusus quidam.

28. Iam vero ut de artibus dicam, quid tandem mortalium ingenia ad excogitandas prodendasque posteris, tot egregias, ut putant disciplinas excitavit, nisi gloriæ sitis? Tantis vigiliis, tantis sudoribus, famam, nescio quam, qua nihil esse potest inanius, redimendam putarunt homines vere stultissimi. Sed interim Stultitiæ tot iam egregia vitæ commoda debetis, quodque est longe dulcissimum, aliena fruimini insania.

29. Ergo posteaquam mihi fortitudinis et industriæ laudem vindicavi, quid si prudentiæ quoque vindicem? Sed dixerit aliquis eadem opera ignem aquæ misceas, licebit. Verum hoc quoque successurum, arbitror, si vos modo, quod antehac fecistis, auribus atque animis favebitis. Principio si rerum usu constat prudentia, in utrum magis competet eius cognominis

honos, in sapientem, qui partim ob pudorem, partim ob animi timiditatem nihil aggreditur, an in stultum, quem neque pudor quo vacat, neque periculum, quod non perpendit, ab ulla re deterret? Sapiens ad libros Veterum confugit, atque hinc meras vocum argutias ediscit. Stultus adeundis cominusque periclitandis rebus, veram, ni fallor, prudentiam colligit. Id quod vidisse videtur Homerus, etiamsi cæcus, cum ait rechthen de te nêpios egnô. Sunt enim duo præcipua ad cognitionem rerum parandam obstacula, pudor qui fumum offundit animo, et metus, qui ostenso periculo, dehortatur ab adeundis facinoribus. At his magnifice liberat Stultitia. Pauci mortales intelligunt ad quam multas alias quoque commoditates conducat, numquam pudescere, et nihil non audere. Quod si prudentiam accipere malunt eam quæ rerum iudicio constat, audite obsecro, quam procul absint ab hac, qui hoc nomine sese venditant. Principio constat res omneis humanas, velut Alcibiadis Silenos, binas habere facies nimium inter sese dissimiles. Adeo ut quod prima, ut aiunt, fronte mors est, si interius inspicias, vita sit: contra quod vita, mors: quod formosum, deforme: quod opulentum, id pauperrimum: quod infame, gloriosum: quod doctum, indoctum: quod robustum, imbecille: quod generosum, ignobile: quod lætum, triste: quod prosperum, adversum: quod amicum, inimicum: quod salutare, noxium: breviter, omnia repente versa reperies, si Silenum aperueris. Id si cui forte nimis philosophice dictum videtur, age pinguiore, quemadmodum dici solet, Minerva, planius faciam. Quis Regem non et opulentum, et dominum fatetur? Atqui nullis animi bonis instructus est, atqui nihil illi satis est, iam videlicet pauperrimus est. Tum animum habet plurimis addictum vitiis, iam turpiter servus est. Ad eumdem modum in cæteris quoque philosophari liceret. Sed hoc exempli vice posuisse satis sit. At quorsum hæc? inquiet aliquis. Audite quo rem deducamus . Si quis histrionibus in scena fabulam agentibus personas detrahere conetur, ac spectatoribus veras nativasque facies ostenderel, nonne is fabulam omnem perverterit, dignusque habeatur, quem omnes e theatro velut lymphatum saxis eiiciant? Exorietur autem repente nova rerum species, ut qui modo mulier, nunc vir: qui modo iuvenis, mox senex: qui paulo ante Rex, subito Dama: qui modo Deus, repente homunculus appareat. Verum eum errorem tollere, est fabulam omnem perturbare. Illud ipsum figmentum et fucus est, quod spectatorum oculos detinet. Porro mortalium vita omnis quid aliud est, quam fabula quæpiam, in qua alii aliis obtecti personis procedunt, aguntque suas quisque partes, donec choragus educat e proscenio? Qui sæpe tamen eumdem diverso cultu prodire iubet, ut qui modo Regem purpuratum egerat, nunc servulum pannosum gerat. Adumbrata quidem omnia, sed hæc fabula non aliter agitur. Hic si mihi sapiens aliquis coelo delapsus subito exoriatur, clamitetque hunc quem omnes ut Deum ac dominum suspiciunt, nec hominum esse, quod pecudum ritu ducatur affectibus, servum esse infimum, quod tam multis, tamque foedis dominis sponte serviat. Rursum alium, qui parentem exstinctum luget, ridere iubeat, quod iam demum ille vivere coeperit, cum alioqui vita hæc nihil aliud sit quam mors quædam. Porro alium stemmatis gloriantem, ignobilem ac nothum appellet, quod a virtute longe absit, quæ sola nobilitatis sit fons, adque eumdem modum de cæteris omnibus loquatur, quæso, quid is aliud egerit, nisi ut demens ac furiosus omnibus esse videatur? Ut nihil est stultius præpostera sapientia, ita perversa prudentia nihil imprudentius. Siquidem perverse facit, qui sese non accommodet rebus præsentibus, foroque nolit uti, nec saltem legis illius convivialis meminerit, ê pithi, ê apithi, postuletque ut fabula iam non sit fabula. Contra, vere prudentis est, cum sis mortalis, nihil ultra sortem sapere velle, cumque universa hominum multitudine vel connivere libenter, vel comiter errare. At istud ipsum, inquiunt, stultitiæ est. Haud equidem inficias iverim, modo fateantur illi vicissim hoc esse, vitæ fabulam agere.

30. Cæterum illud, o Dii immortales ! eloquarne, an sileam? Cur autem sileam, cum sit vero verius? Sed præstiterit fortassis in re tanta, Musas ex Helicone accersere, quas Poetæ sæpius ob meras nugas advocare solent. Adeste igitur paulisper, Iovis filiæ, dum ostendo nec ad egregiam illam sapientiam, ac felicitatis, ut ipsi vocant arcem, aditum esse cuiquam, nisi STULTITIA duce. Iam primum illud in confesso est, affectus omnes ad Stultitiam pertinere. Quandoquidem hac nota a stulto sapientem discernunt, quod illum affectus, hunc ratio temperat. Eoque Stoici perturbationes omnes ceu morbos a sapiente semovent, verum affectus isti non solum pædagogorum vice funguntur ad sapientiæ portum properantibus, verum etiam in omni virtutis functione, ceu calcaria stimulique quidam adesse solent, velut ad bene agendum exhortatores. Quamquam hic fortiter reclamat bis Stoicus Seneca, qui prorsus omnem affectum adimit sapienti. Verum cum id facit, iam ne hominem quidem relinquit, sed novum potius Deum quemdam dêmiourgei, qui nusquam nec exstitit umquam, nec exstabit: imo ut apertius dicam, marmoreum hominis simulacrum constituit, stupidum, et ab omni prorsus humano sensu alienum. Proinde, si libet, ipsi suo sapiente fruantur, citraque rivalem ament licet, cumque eo vel in civitate Platonis, vel si malint, in idearum regione, vel in Tantaliis inhabitent hortis. Quis enim non istiusmodi hominem ceu portentum ac spectrum fugitet horreatque, qui ad omnes naturæ sensus obsurduerit, qui nullis sit affectibus, nec amor,e, nec misericordia magis commoveatur, quam si dura silex, aut stet Marpesia cautes, quem nihil fugiat, qui nihil erret, sed ceu Lynceus quispiam nihil non perspiciat, nihil non ad amussim perpendat, nihil ignoscat, qui solus se ipso sit contentus, solus dives, solus sanus, solus rex, solus liber, breviter, omnia solus, sed suo solius iudicio, qui nullum moretur amicum, ipse amicus nemini, qui Diis quoque ipsis non dubitet mandare laqueum, qui quidquid in omni vita geritur, velut insanum damnet,

rideatque? Atqui huiusmodi animal est absolutus ille sapiens. Quæso, si res agatur suffragiis, quæ civitas istiusmodi magistratum sibi velit, aut quis exercitus talem optet ducem? imo quæ mulier id genus maritum, quis convivator eiusmodi convivam, quis servus talibus moribus domnium vel optet, vel ferat? Quis autem non malit vel unum quemvis de media stultissimorum hominum plebe, qui stultus stultis vel imperare possit, vel parere, qui sui similibus placeat, sed quam plurimis, qui comis sit in uxorem, iucundus amicis, bellus conviva, convictor facilis, postremo qui nihil humani a se alienum putet? Sed me quidem iam dudum istius sapientis piget. Quare ad reliqua commoda sese recipiat oratio.

31. Agedum, si quis velut e sublimi specula circumspiciat, ita ut Iovem Poetæ facere prædicant, quot calamitatibus hominum vita sit obnoxia, quam misera, quam sordida nativitas, quam laboriosa educatio, quot iniuriis exposita pueritia, quot sudoribus adacta iuventus, quam gravis senectus, quam dura mortis necessitas, quot morborum agmina infestent, quot immineant casus, quot ingruant incommoda, quam nihil usquam non plurimo felle tinctum, ut ne commemorem ista, quæ homini ab homine inferuntur mala, quod genus sunt, paupertas, carcer, infamia, pudor, tormenta, insidiæ, proditio, convitia, lites, fraudes. Sed ego iam plane ton ammon anametrein aggredior. Porro quibus admissis ista commeruerint homines, aut quis Deus iratus eos in has miserias nasci coegerit, non est mihi fas in præsentia proloqui. Verum ista qui secum perpendat, nonne Milesiarum virginum probabit exemplum etiam si miserandum? At quinam potissimum sibi vitæ tædio fatum accersivere Nonne sapientiæ confines? Inter quos, ut interim Diogenes, Xenocrates, Catones, Cassios, ac Brutos sileam, Chiron ille cum immortalem esse liceret, ultro mortem præoptavit. Videtis, opinor, quid futurum sit, si passim sapiant homines: nempe altero luto, altero figulo Prometheo opus fore. Verum ego partim per ignorantiam, partim per incogitantiam, nonnumquam per oblivionem malorum, aliquando spem bonorum, aliquoties nonnihil mellis voluptatibus adspergens, ita tantis in malis succurro, ut ne tum quidem libeat vitam relinquere, cum exacto Parcarum stamine, ipsa iam dudum eos relinquit vita, quoque minus sit causæ, cur in vita manere debeant, hoc magis iuvet vivere, tantum abest, ut ullo vitæ tædio tangantur. Mei nimirum muneris est, quod passim Nestorea senecta senes videtis, quibus iam ne species quidem hominis superest, balbos, deliros, edentulos, canos, calvos, vel ut magis Aristophanicis eos describam verbis, rupôntas, kuphous, athlious, rusous, madôntas, nôdous kai psôlous, usque adeo vita delectari, adeoque neanizein, ut alius tingat canos, alius apposititia coma calvitium dissimulet, alius dentibus utatur mutuo fortassis a se quopiam sumptis, hic puellam aliquam misere depereat, et amatoriis ineptiis quemvis etiam superet adolescentulum. Nam ut capulares iam, meraque silicernia, teneram aliquam

iuvenculam ducant uxorem, eamque et indotatam, et aliis usui futuram, id adeo frequens, ut propemodum et laudi detur. Sed multo etiam suavius, si quis animadvertat anus, longo iam senio mortuas, adeoque cadaverosas, ut ab inferis redisse videri possint, tamen illud semper in ore habere, phôs agathon, adhuc catullire, atque, ut Græci dicere solent, kaproun et magna mercede conductum aliquem Phaonem inducere, fucis assidue vultum oblinere, nusquam a speculo discedere, infimæ pubis silvam vellere, vietas ac putres ostentare mammas, tremuloque gannitu languentem sollicitare cupidinem, potitare, misceri puellarum choris, litterulas amatorias scribere. Ridentur hæc ab omnibus, tamquam uti sunt, stultissima: at ipsæ sibi placent, et in summis interim versantur delitiis, totasque sese melle perungunt, meo videlicet beneficio felices. Porro quibus hæc deridicula videntur, illud secum expendant velim, utrum satius ducant huiusmodi stultitia vitam plane mellitam exigere, an trabem, ut aiunt, suspendio quærere. Porro quod hæc vulgo putantur infamiæ obnoxia, istud nihil ad stultos meos, qui malum hoc aut non sentiunt, aut si quid sentiunt, facile negligunt. Si saxum in caput incidat, id vere malum sit. Cæterum pudor, infamia, probrum, maledicta, tantum adferunt noxæ, quantum sentiuntur. Si sensus absit, ne mala quidem sunt. Quid lædit, si totus populus in te sibilet, modo tute tibi plaudas? Atque ut id liceat, sola Stultitia præstat.

32. Sed mihi videor audire reclamantes philosophos. Atqui hoc ipsum est, inquiunt, miserum, STULTITIA teneri, errare, falli, ignorare. Imo hoc est hominem esse. Porro miserum cur vocent, non video, quandoquidem sic nati estis, sic instituti, sic conditi, ea est communis omnium sors. Nihil autem miserum, quod in suo genere constat, nisi forte quis hominem deplorandum existimet, qui neque volare possit cum avibus, neque quaternis ingredi pedibus cum reliquo pecudum genere, neque cornibus sit obarmatus, quemadmodum tauri. Verum is eadem opera equum etiam bellissimum infelicem vocabit, quod neque Grammaticam didicerit, neque placentis vescatur: taurum miserum, quod ad palæstricam sit inutilis. Igitur ut equus imperitus Grammaticæ, miser non est, ita nec homo stultus, infelix, propterea quod hæc cum illius natura cohærent. Verum rursus urgent Logodædali. Est, inquiunt, homini peculiariter addita disciplinarum cognitio, quarum adminiculis id quod natura diminutum est, ingenio penset. Quasi vero ullam veri faciem habeat, naturam, quæ in culicibus, atque adeo in herbis ac flosculis tam sollicite vigilaverit, in uno homine dormitasse, ut disciplinis opus esset, quas Theutus ille humano generi infensus genius, in summam perniciem excogitavit, adeo non utiles ad felicitatem, ut illi quoque ipsi officiant, ad quod proprie repertæ dicuntur, ut eleganter arguit apud Platonem, Rex ille prudentissimus de litterarum invento. Igitur disciplinæ cum reliquis humanæ vitæ pestibus irrepserunt, iisdem auctoribus, a quibus omnia flagitia proficiscuntur, puta Dæmonibus, quibus hinc nomen etiam

inventum, quasi daêmonas, hoc est, scientes appelles. Siquidem simplex illa aurei seculi gens, nullis armata disciplinis, solo naturæ ductu, instinctuque vivebat. Quorsum enim opus erat Grammatica, cum eadem esset omnibus lingua, nec aliud sermone petebatur, nisi ut alius alium intelligeret? Quis usus dialectices, ubi nulla erat pugnantium inter se sententiarum dimicatio? Quis rhetoricæ locus, cum nullus alteri negotium facesseret? Quorsum requireretur legum prudentia, cum abessent mali mores, ex quibus haud dubie bonæ leges prognatæ sunt? Porro religiosiores erant, quam ut impia curiositate arcana naturæ, siderum mensuras, motus, effectus, abditas rerum causas scrutarentur, nefas esse rati, si homo mortalis ultra sortem suam sapere conaretur. Iam quid extra coelum esset, inquirendi dementia ne in mentem quidem veniebat. At labente paulatim ætatis aureæ puritate, primum a malis, ut dixi, geniis inventæ sunt artes, sed paucæ, atque hæ quidem a paucis receptæ. Postea sexcentas addidit Chaldæorum superstitio, et Græcorum otiosa levitas, meras ingeniorum cruces, adeo ut vel una Grammatica abunde satis sit ad perpetuam vitæ carnificinam.

33. Quamquam inter has ipsas disciplinas, hæ potissimum in pretio sunt, quæ ad sensum communem, hoc est, ad stultitiam, quam proxime accedunt. Esuriunt Theologi, frigent Physici, ridentur Astrologi, negliguntur Dialectici. Solus iatros anêr pollôn antaxios andrôn. Atque in hoc ipso genere, quo quisque indoctior, audacior, incogitantiorque, hoc pluris fit etiam apud torquatos istos Principes. Atqui Medicina, præsertim ut nunc a compluribus exercetur, nihil aliud est quam assentationis particula, non minus profecto quam rhetorica. Secundum hos proximus datur locus leguleiis: Et haud scio, an primus, quorum professionem, ne quid ipsa pronunciem, velut asininam philosophi magno consensu ridere solent. Sed tamen horum asinorum arbitrio maxima minimaque negotia transiguntur. His latifundia crescunt, cum theologus interim excussis totius divinitatis scriniis, lupinum arrodit, cum cimicibus ac pediculis assidue bellum gerens. Ut igitur feliciores sunt artes, quæ maiorem habent cum STULTITIA affinitatem, ita longe felicissimi sunt hi, quibus prorsus licuit ab omnium disciplinarum commercio abstinere, solamque naturam ducem sequi, quæ nulla sui parte manca est, nisi forte mortalis sortis pomeria transilire velimus. Odit natura fucos, multoque felicius provenit, quod nulla sit arte violatum.

34. Agedum, annon videtis ex unoquoque reliquorum animantium genere ea felicissime degere, quæ sunt a disciplinis alienissima, nec ullius magisterio nisi naturæ, ducuntur? Quid apibus aut felicius, aut mirabilius? At his ne corporis quidem omnes sensus adsunt. Quid simile in exstruendis ædificiis reperiat architectura? Quis umquam philosophus similem instituit rempublicam? Rursum equus quoniam humanis sensibus affinis est, et in

hominum contubernium demigravit, humanarum item calamitatum est particeps. Quippe qui non raro dum vinci pudet in certaminibus ducit ilia, et in bellis dum ambit triumphum, confoditur, simulque cum sessore terram ore momordit. Ut ne commemorem interim lupata frena, aculeata calcaria, stabuli carcerem, scuticas, fustes, vincula, sessorem, breviter omnem illam servitutis tragoediam, cui se ultro addixit, dum fortes viros imitatus, impensius hostem ulcisci studet. Quanto optabilior muscarum et avicularum vita ex tempore soloque naturæ sensu degentium, modo per hominum insidias liceat. Quæ si quando caveis inclusæ, adsuescant humanas sonare linguas, mirum quam a nativo illo nitore degenerent. Adeo modis omnibus lætius est, quid natura condidit, quam quod fucavit ars. Proinde numquam satis laudarim, gallum illum Pythagoram, qui cum unus omnia fuisset, philosophus, vir, mulier, rex, privatus, piscis, equus, rana, opinor etiam spongia, tamen nullum animal iudicavit calamitosius homine, propterea quod cætera omnia, naturæ finibus essent contenta, solus homo sortis suæ limites egredi conaretur.

35. Rursum inter homines, idiotas multis partibus anteponit doctis ac magnis, et Gryllus ille non paulo plus sapuit, quam polumêtis Odusseus, qui maluerit in hara grunnire, quam cum illo tot miseris obiici casibus. Ab his mihi non dissentire videtur Homerus nugarum pater, qui cum mortales omnes subinde deilous kai mochtêrous appellat, tum Ulyssem illum suum sapientis exemplar, sæpenumero dustênon vocat, Paridem nusquam, nec Aiacem, nec Achillem. Quamobrem id tandem? Nisi quod ille vafer et artifex nihil non Palladis consilio agebat, nimiumque sapiebat, a naturæ ductu quam longissime recedens? Ut igitur inter mortales, ii longissime absunt a felicitate, qui sapientiæ student, nimirum hoc ipso bis stulti, quod homines nati cum sint, tamen obliti conditionis suæ Deorum immortalium vitam affectant, et Gigantum exemplo, disciplinarum machinis, naturæ bellum inferunt, ita quam minime miseri videntur ii, qui ad brutorum ingenium stultitiamque quam proxime accedunt, neque quidquam ultra hominem moliuntur. Age experiamur num hoc quoque non Stoicis enthymematis, sed crasso quopiam exemplo queamus ostendere. Ac per Deos immortales, est ne quidquam felicius isto hominum genere, quos vulgo moriones, stultos, fatuos, ac bliteos appellant, pulcerrimis, ut equidem opinor, cognominibus? Rem dicam prima fronte stultam fortassis atque absurdam, sed tamen unam multo verissimam. Principio vacant mortis metu, non mediocri, per Iovem, malo. Vacant conscientiæ carnificina. Non territantur Manium fabulamentis. Non expavescunt spectris ac lemuribus, non torquentur metu impendentium malorum, non spe futurorum bonorum distenduntur. In summa, non dilacerantur millibus curarum, quibus hæc vita obnoxia est. Non pudescunt, non verentur, non ambiunt, non invident, non amant. Denique si propius etiam ad brutorum

animantium insipientiam, accesserint, ne peccant quidem, auctoribus theologis. Hic mihi iam expendas velim, stultissime sapiens, quot undique sollicitudinibus noctes diesque discrucietur animus tuus, congeras in unum acervum universa vitæ tuæ incommoda, atque ita demum intelliges, quantis malis meos fatuos subduxerim. Adde huc, quod non solum ipsi perpetuo gaudent, ludunt, cantillant, rident, verum etiam cæteris omnibus quocumque sese verterint, voluptatem, iocum, lusum, risumque adferunt, velut in hoc ipsum a Deorum indulgentia dati, ut humanæ vitæ tristitiam exhilararent. Unde fit, ut cum aliis in alios varius sit affectus, hos omnes ex æquo tamquam suos agnoscant, expetant, pascant, foveant, complectantur, succurrant, si quid acciderit: impune permittant, quidquid vel dixerint, vel fecerint. Adeoque nemo, illis nocere cupit, ut feræ quoque belluæ ab illorum iniuria temperent, sensu quodam innocentiæ naturali. Sunt enim vere sacri Diis, præcipue mihi, ideoque non iniuria hunc honorem omnes illis habent.

36. Quid quod summis etiam regibus adeo sunt in delitiis, ut nonnulli sine his neque prandere, nec ingredi, nec omnino vel horam durare possint. Neque vero paullo intervallo hos bliteos suis illis tetricis sophis anteponunt, quos tamen ipsos aliquot honoris gratia solent alere. Cur autem ante ponant, nec obscurum arbitror nec mirum videri debet, cum sapientes illi nil nisi triste soleant adferre principibus, suaque doctrina freti, non vereantur aliquoties auriculas teneras mordaci radere vero. Moriones autem id præstent, quod unum undecumque principes modis omnibus aucupantur, iocos, risus, cachinnos, delitias. Iam accipite et hanc non aspernandam stultorum dotem, quod soli simpli ces ac veridici sunt. Quid autem veritate laudatius? Quamquam enim Alcibiadeum apud Platonem proverbium, veri tatem vino pueritiæque tribuit, tamen omnis ea laus mihi peculiariter debetur, vel Euripide teste, cuius exstat illud celebre de nobis dictum, môra gar môros legei. Fatuus quidquid habet in pectore, id et vultu præ se fert, et ora tione promit. At sapientum sunt duæ illæ linguæ, ut idem meminit Euripides, quarum altera verum dicunt, altera, quæ pro tempore iudicarint opportuna. Horum est nigrum in candida vertere, et eodem ex ore frigidum pariter et calidum efflare, longeque aliud conditum habere in pectore, aliud sermone fingere. Porro in tanta felicitate, tamen hoc nomine principes mihi videntur infelicissimi, quod deest, a quo verum audiant, et assentatores pro amicis ha bere coguntur. Sed abhorrent a vero principum aures, dixerit aliquis et hac ipsa de causa, sapientes istos fugitant, quod vereantur ne quis forte liberior exsistat, qui vera magis, quam iucunda loqui audeat. Ita quidem res habet, invisa regibus veritas. Sed tamen hoc ipsum mire in fatuis meis usu venit, ut non vera modo, verum etiam aperta convitia cum voluptate audiantur, adeo ut idem dictum, quod si a sapientis ore proficiscatur, capitale fuerat futurum: a morione profectum, incredibilem voluptatem pariat. Habet enim genuinam quamdam delectandi vim veritas,

si nihil accedat quod offendat: verum id quidem solis fatuis Dii dederunt. Iisdem ferme de causis hoc hominum genere mulieres gaudere solent impensius, utpote ad voluptatem et nugas natura propensiores. Proinde quidquid cum huiusmodi factitarint, etiamsi nonnumquam serium nimis, illæ tamen iocum ac lusum interpretantur, ut est ingeniosus, præsertim ad prætexenda commissa sua, sexus ille.

37. Igitur ut ad fatuorum felicitatem redeam, multa cum iucunditate peracta vita, nullo mortis vel metu, vel sensu, recta in campos Elysios demigrant, et illic pias atque otiosas animas lusibus suis delectaturi. Eamus nunc, et quemvis etiam sapientem cum huius morionis sorte conferamus. Finge quod huic opponas exemplar sapientiæ, hominem qui totam pueritiam atque adolescentiam in perdiscendis disciplinis contriverit, et suavissimam vitæ partem, perpetuis vigiliis, curis, sudoribus perdiderit, ne in reliqua quidem omni vita vel tantillum voluptatis degustarit, semper parcus, pauper, tristis, tetricus, sibi ipsi iniquus ac durus, aliis gravis et invisus, pallore, macie, valetudine, lippitudine, confectus senio, canitieque multo ante diem contracta, ante diem fugiens e vita. Quamquam quid refert quando moriatur istiusmodi, qui numquam vixerit? Habetis egregiam illam sapientis imaginem.

38. At hic rursus obganniunt mihi, hoi ek tês stôas (!) batrachoi. 'Nihil', inquiunt, 'miserius insania'. Sed insignis stultitia, vel insaniæ proxima est, vel ipsa potius insa nia. Quid enim aliud est insanire, quam errare animo? Sed isti tota errant via. Age, hunc quoque syllogismum dissipemus, Musis bene fortunantibus. Argute quidem isti, verum quemadmodum apud Platonem docet Socrates, ex una Venere secta duas, et ex uno Cupidine dissecto duos faciens, itidem et istos Dialecticos decebat insaniam ab insania distinguere, si modo ipsi sani videri vellent. Neque enim protinus omnis insania calamitosa est. Alioqui non dixisset Horatius: 'An me ludit amabilis insania': Neque Plato poetarum, vatum, et amantium furorem inter præcipua vitæ bona collocasset nec vates illa laborem Aeneæ vocasset insanuma. Verum est duplex insaniæ genus: alterum quod ab inferis diræ ultrices submittunt, quoties immissis anguibus, vel ardorem belli, vel inexplebilem auri sitim, vel dedecorosum ac nefarium amorem, vel parricidium, incestum, sacrilegium, aut aliam id genus pestem aliquam in pectora mortalium invehunt, sive cum nocentem et conscium animum, Furiis ac terriculorum facibus agunt. Est alterum huic longe dissimile, quod videlicet a me proficiscitur, omnium maxime exoptandum. Id accidit quoties iucundus quidam mentis error simul et anxiis illis curis animum liberat, et multiiuga voluptate delibutum reddit. Atqui hunc mentis errorem ceu magnum quoddam Deorum munus, ad Atticum scribens, optat Cicero, nimirum, quo tantorum malorum sensu carere posset. Neque perperam sensit Argivus ille, qui hactenus insaniebat,

ut totos dies solus desideret in theatro, ridens, plaudens, gaudens, quod crederet illic miras agi tragoedias, cum nihil omnino ageretur, cum in cæteris vitæ officiis probe sese gereret: 'iucundus amicis, comis in uxorem, posset qui ignoscere servis. Et signo læsæ non insanire lagenæ'. Hunc ubi cognatorum opera datis pharmacis morbo levasset, sibique iam totus esset redditus, hunc in modum cum amicis expostulans: 'Pol, me occidistis, amici, non servastis', ait, 'cui sic extorta voluptas. Et demptus per vim mentis gratissimus error'. Et merito quidem: errabant enim ipsi, atque elleboro magis opus habebant, qui tam felicem ac iucundam insaniam, ceu malum aliquod, existimaquoties foedum illum cornuum cantum audierint, quoties rent potionibus expellendam. Quamquam illud equidem nondum statui, num quivis sensus, aut mentis error, insa niæ nomine sit appellandus. Neque enim si cui lippienti mulus asinus esse videatur: aut si quis indoctum carmen veluti doctissimum admiretur, is continuo videbitur insanire. Verum si quis non sensu tantum, sed animi iudicio fallatur, idque præter usitatum morem ac perpetuo, is demum insaniæ censebitur affinis esse, veluti si quis quoties asinum audierit rudentem, arbitretur sese miros symphoniscos audire, aut si quis pauperculus, infimi loco natus, Croesum Lydorum regem esse se credat. Sed hoc insaniæ genus, si, quemadmodum fere sit, vergat ad voluptatem, non mediocrem delectationem adfert tum iis, qui eo tenentur, tum illis, quibus est hoc animadversum, nec tamen eodem insaniunt. Nam hæc insaniæ species multo latius patet, quam vulgus hominum intelligit. Sed vicissim insanus insanum ridet, ac mutuam sibi voluptatem invicem ministrant. Neque raro fieri videbitis, ut maior insanus, vehementius rideat minorem.

39. Verum hoc quisque felicior, quo pluribus desipit modis, Stultitia iudice, modo in eo genere insaniæ maneat, quod nobis est peculiare, quod quidem usque adeo late patet, ut haud sciam, an ex universa mortalium summa quempiam liceat reperire, qui omnibus horis sapiat, quique non aliquo insaniæ genere teneatur. Quamquam hoc tantum interest qui cucurbitam cum videt, mulierem esse credit, huic insano nomen ponunt, propterea quod per paucis id usu veniat. Verum ubi quis uxorem suam, quam cum multis habet communem, eam plusquam Penelopen esse deierat, sibique maiorem in modum plaudit, feliciter errans, hunc nullus insanum appellat, propterea quod passim maritis hoc accidere videant. Ad hunc ordinem pertinent et isti, qui præ venatu ferarum omnia contemnunt, atque incredibilem animi voluptatem percipere se prædicant, canum eiulatus. Opinor etiam cum excrementa canum odorantur, illis cinnamomum videri. Deinde quæ suavitas, quoties fera lanianda est? Tauros et verveces humili plebi laniare licet, feram nisi a generoso secari nefas. Is nudo capite, inflexis genibus, gladio ad id destinato, neque enim quovis idem facere fas est, certis gestibus, certa membra, certo ordine religiose secat. Miratur interim perinde

ut in re nova, circumstans tacita turba, tametsi spectaculum hoc plus millies viderit. Porro cui contigerit e bellua nonnihil gustare, is vero existimat sibi non parum nobilitatis accedere. Itaque cum isti assidua ferarum insectatione atque esu, nihil aliud assequantur, nisi ut ipsi propemodum in feras degenerent, tamen interea regiam vitam agere se putant. Est his simillimum genus eorum, qui insatiabili ædificandi studio flagrant, nunc rotunda quadratis, nunc, quadrata rotundis permutantes. Neque vero finis ullus, neque modus, donec ad extremam redactis inopiam, nec ubi habitent, nec quid edant, supersit. Quid tum postea? Interim annos aliquot summa cum voluptate peregerunt. Ad quos mihi quidem proxime videntur accedere, qui novis et arcanis artibus, rerum species vertere moliuntur, ac terra marique quintam quamdam essentiam venantur. Hos adeo lactat mellita spes, ut neque laborum, neque impensarum umquam pigeat, miroque ingenio semper aliquid excogitant, quo sese denuo fallant, sibique ipsis gratam faciant imposturam, donec absumtis omnibus, non sit quo iam fornaculam instruant. Non desinunt tamen iucunda somniare somnia, cæteros pro viribus ad eamdem felicitatem animantes. Cumque iam prorsus omni spe destituuntur, superest tamen una sententia, abunde magnum solatium: 'In magnis et voluisse sat est'. Ac tum vitæ brevitatem incusant, ut quæ magnitudini negotii non suffecerit. Porro aleatores nonnihil addubito num in nostrum collegium sint admittendi. Sed tamen stultum omnino ridiculumque spectaculum est, quoties videmus nonnullos usque adeo addictos, ut simul atque strepitum talorum audierint, protinus illis cor saliat, palpitetque. Deinde cum semper illiciente vincendi spe omnium facultatum naufragium fecerint, in aleæ scopulum illisa nave, non paulo formidabiliorem Malea, vixque nudi emerserint, quosvis potius fraudant quam victorem, ne scilicet viri parum graves habeantur. Quid cum senes iam et cæcutientes, vitreis etiam oculis lusitant? Postremo cum iam iusta chiragra contudit articulos, vicarium etiam mercede conducunt, qui pro se talos in pyrgum mittat? Suavis quidem res, nisi quod hic ludus plerumque solet in rabiem evadere, iamque ad Furias, non ad me pertinere.

40. Cæterum illud hominum genus haud dubie totum est nostræ farinæ qui miraculis ac prodigiosis gaudent mendaciis, vel audiendis vel narrandis. Nec ulla satietas talium fabularum, cum portentosa quædam, de spectris, de lemuribus, de larvis, de inferis, de id genus millibus miraculorum commemorantur: quæ quo longius absunt a vero, hoc et creduntur lubentius et iucundiore pruritu titillant aures. Atque hæc quidem non modo ad levandum horarum tædium mire conducunt, verum etiam ad quæstum pertinent, præcipue sacrificis et concionatoribus. His rursum adfines sunt ii, qui sibi stultam quidem, sed tamen iucundam persuasionem induerunt, futurum, ut si ligneum, aut pictum aliquem Polyphemum Christophorum adspexerint, eo die non sint perituri, aut qui sculptam Barbaram præscriptis

verbis salutarit, sit incolumis e prælio rediturus, aut si quis Erasmum certis diebus, certis cereolis, certisque preculis convenerit, brevi sit dives evasurus. Iam vero Georgium etiam Herculem invenerunt, quemadmodum et Hippolytum alterum. Huius equum phaleris ac bullis religiosissime adornatum tantum non adorant ac subinde novo quopiam munusculo demerentur, per huius æream galeam deierare plane regium habetur. Nam quid dicam de iis, qui sibi fictis scelerum condonationibus, suavissime blandiuntur, ac Purgatorii spatia veluti clepsydris metiuntur, sæcula, annos, menses, dies, horas, tamquam e tabula mathematica, citra ullum errorem dimetientes. Aut de iis qui magicis quibusdam notulis ac preculis, quas pius aliquis impostor, vel animi causa, vel ad quæstum excogitavit, freti nihil sibi non pollicentur, opes, honores, voluptates, saturitates, valetudinem perpetuo prosperam, vitam longævam, senectam viridem, denique proximum Christo apud Superos consessum, quem tamen nolint, nisi admodum sero contingere, hoc est, cum huius vitæ voluptates, invitos eos ac mordicus retinentes, tamen deseruerint, tum succedant illæ Coelitum delitiæ. Hic mihi puta negociator aliquis aut miles, aut iudex, abiecto ex tot rapinis unico nummulo, universam vitæ Lernam semel expurgatam putat, totque periuria, tot libidines, tot ebrietates, tot rixas, tot cædes, tot imposturas, tot perfidias, tot proditiones existimat velut ex pacto redimi, et ita redimi, ut iam liceat ad novum scelerum orbem de integro reverti. Quid autem stultius iis, imo quid felicius, qui septem illis sacrorum Psalmorum versiculis quotidie recitatis, plus quam summam felicitatem sibi promittunt? Atque hos magicos versiculos Dæmon quispiam, facetus quidem ille, sed futilis magis quam callidus, Divo Bernardo creditur indicasse, sed arte circumventus miser. Et hæc tam stulta, ut me ipsam propemodum pudeat, tamen approbantur, idque non a vulgo modo, verum etiam a religionis professoribus. Quid iam, nonne eodem fere pertinet, cum singulæ regiones suum aliquem peculiarem vindicant Divum, cumque in singulos singula quædam partiuntur, singulis suos quosdam culturæ ritus attribuunt, ut hic in dentium cruciatu succurrat, ille parturientibus dexter adsit, alius rem furto sublatam restituat, hic in naufragio prosper adfulgeat, ille gregem tueatur: atque item de cæteris. Nam omnia percensere longissimum fuerit. Sunt qui singuli pluribus in rebus valeant, præcipue Deipara Virgo, cui vulgus hominum plus prope tribuit quam Filio.

41. Verum ab his Divis quid tandem petunt homines nisi quod ad stultitiam attinet? Agedum inter tot anathemata, quibus templorum quorumdam parietes omnes, ac testudinem ipsam refertam conspicitis, vidistisne umquam qui stultitiam effugerit, qui vel pilo sit factus sapientior? Alius enatavit incolumis. Alius ab hoste perfossus, vixit. Alius e prælio, pugnantibus cæteris, non minus feliciter quam fortiter aufugit. Alius in crucem subactus, favore Divi cuiuspiam furibus amici, decidit ut nonnullos

etiam male divitiis onustos pergeret exonerare. Alius perfracto carcere fugit. Alius irato medico a febre revaluit. Alii potum venenum, alvo soluta, remedio non exitio fuit, idque non admodum læta uxore, quæ operam et impensam luserit. Alius everso plaustro, equos incolumes domum abegit. Alius oppressus ruina vixit. Alius a marito deprehensus elusit. Nullus pro depulsa stultitia gratias agit. Adeo suavis quædam res est nihil sapere, ut omnia potius deprecentur mortales, quam Moriam. Sed quid ego hoc superstitionum pelagus ingredior?

'Non mihi si linguæ centum sint, oraque centum, Ferrea vox, omneis fatuorum evolvere formas, Omnia stultitiæ percurrere nomina possim'.

Usque adeo omnis omnium Christianorum vita istiusmodi delirationibus undique scatet: quas ipsas tamen Sacrifici non gravatim et admittunt et alunt, non ignari quantum hinc lucelli soleat accrescere. Inter hæc, si quis odiosus sapiens exoriatur, succinatque id, quod res est, non male peribis, sibene vixeris: peccata redimis, si nummulo addideris odium malefactorum, tum lacrymas, vigilias, precationes, ieiunia, ac totam vitæ rationem commutaris: Divus hic tibi favebit, si vitam illius æmulaberis. Hæc, inquam, atque id genus alia, si sapiens ille obganniat, vide a quanta felicitate repente mortalium animos in quem tumultum retraxerit? Ad hoc collegium pertinent, qui vivi qua funeris pompa velint efferri, tam diligenter statuunt, ut nominatim etiam præscribant, quot tædas, quot pullatos, quot cantores, quot luctus histriones velint adesse, perinde, quasi futurum sit, ut aliquis huius spectaculi sensus ad ipsos sit rediturus, aut ut pudescant defuncti, nisi cadaver magnifice defodiatur, haud alio studio, quam si ædiles creati, ludos aut epulum edere studeant.

42. Equidem tametsi propero, tamen haud possum istos silentio prætercurrere qui cum nihil ab infimo cerdone differant, tamen inani nobilitatis titulo, mirum quam sibi blandiuntur. Alius ad Aeneam, alius ad Brutum, alius ad Arcturum genus suum refert. Ostendunt undique sculptas et pictas maiorum imagines. Numerant proavos atque atavos, et antiqua cognomina commemorant, cum ipsi non multum absint a muta statua, pene iis ipsis, quæ ostentant signis, deteriores. Et tamen hac tam suavi Philautia felicem prorsum vitam agunt. Neque desunt æque stulti, qui hoc belluarum genus perinde ut Deos suspiciunt. Sed quid ego de uno aut altero genere loquor, quasi vero non passim hæc Philautia plurimos ubique miris modis felicissimos efficiat. Cum hic quavis simia deformior, sibi plane Nireus videtur? Alius simulatque treis lineas circinno duxerit, prorsum Euclidem sese putat: hic ônos pros luran, et 'Quo deterius, nec ille sonat, quo mordetur gallina marito', tamen alterum Hermogenem esse se credit. Est autem illud longe suavissimum insaniæ genus, quo nonnulli, quidquid ulli

suorum dotis adest, eo non aliter atque suo gloriantur. Qualis erat ille bis beatus apud Senecam dives, qui narraturus historiolam quampiam, servos ad manum habebat, qui nomina suggererent, non dubitaturus, vel in pugilum certamen descendere, homo alioqui adeo imbecillus, ut vix viveret, hac re fretus, quod multos haberet domi servos egregie robustos. Porro de artium professoribus, quid attinet commemorare? quando peculiaris est horum omnium Philautia, adeo ut reperias citius, qui velit agello paterno, quam ingenio cedere, verum præcipue histrionum, cantorum, oratorum, ac poetarum, quorum quo quisque est indoctior, hoc sibi placet insolentius, hoc sese magis iactat, ac dilatat. Et inveniunt similes labra lactucas, imo quo quidque est ineptius, hoc plures admiratores nanciscitur, ut pessima quæque semper plurimis arrident, propterea quod maxima pars hominum, ut diximus, Stultitiæ obnoxia est. Proinde si quis est imperitior, et sibi ipsi multo iucundior est, et pluribus admirationi, quid est quod is veram eruditionem malit, primum magno constaturam, deinde reddituram et putidiorem et timidiorem, postremo multo paucioribus placituram?

43. Iam vero video naturam, ut singulis mortalibus suam, ita singulis nationibus, ac pene civitatibus communem quamdam insevisse Philautiam: Atque hinc fieri, ut Britanni præter alia, formam, musicam, et lautas mensas proprie sibi vindicent. Scoti, nobilitate, et Regiæ affinitatis titulo, neque non dialecticis argutiis sibi blandiantur: Galli morum civilitatem sibi sumant: Parisienses, Theologicæ scientiæ laudem omnibus prope submotis, sibi peculiariter arrogent: Itali bonas litteras et eloquentiam asserant: Atque hoc nomine sibi suavissime blandiantur omnes, quod soli mortalium barbari non sint. Quo quidem in genere felicitatis, Romani primas tenent, ac veterem illam Romam adhuc iucundissime somniant: Veneti nobilitatis opinione sunt felices. Græci tamquam disciplinarum auctores, veteribus illis laudatorum heroum titulis sese venditant: Turcæ totaque illa vere barbarorum colluvies etiam religionis laudem sibi vindicat, Christianos perinde ut superstitiosos irridens. At multo etiam suavius Iudæi etiamdum Messiam suum constanter exspectant, ac Mosen suum, hodieque mordicus tenent: Hispani bellicam gloriam nulli concedunt: Germani corporum proceritate, et magiæ cognitione sibi placent.

44. Ac ne singula persequar, videtis, opinor, quantum ubique voluptatis pariat singulis et universis mortalibus Philautia, cui prope par est Assentatio soror. Nihil enim aliud Philautia, quam cum quis ipse sibi palpatur. Idem si alteri facias, kolakia fuerit. At hodie res quædam infamis est adulatio, sed apud eos, qui rerum vocabulis magis, quam rebus ipsis commoventur. Existimant cum adulatione fidem male cohærere: quod multo secus sese habere, vel brutorum animantium exemplis poterant admoneri. Quid enim cane adulantius? At rursum quid fidelius? Quid sciuro blandius? At hoc quid

est homini magis amicum? Nisi forte vel asperi leones, vel immites tigres, vel irritabiles pardi magis ad vitam hominum conducere videntur. Quamquam est omnino pernieiosa quædam adulatio, qua nonnulli perfidiosi et irrisores, miseros in perniciem adigunt. Verum hæc mea, ab ingenii benignitate, candoreque quodam proficiscitur, multoque virtuti vicinior est, quam ea qua huic opponitur, asperitas, ac morositas inconcinna, ut ait Horatius, gravisque. Hæc deiectiores animos erigit, demulcet tristes, exstimulat languentes, expergefacit stupidos, ægrotos levat, feroces mollit, amores conciliat, conciliatos retinet. Pueritiam ad capessenda studia litterarum allicit, senes exhilarat, principes citra offensam sub imagine laudis, et admonet et docet. In summa, facit, ut quisque sibi ipse sit iucundior et carior, quæ quidem felicitatis pars est vel præcipua. Quid autem officiosius, quam cum mutuum muli scabunt? Ut ne dicam interim hanc esse magnam illius laudatæ eloquentiæ partem, maiorem Medicinæ, maximam Poetieæ: denique hanc esse totius humanæ consuetudinis mel et condimentum.

45. Sed falli, inquiunt, miserum est; imo non falli, miserrimum. Nimium enim desipiunt, qui in rebus ipsis felicitatem hominis sitam esse existimant. Ex opinionibus ea pendet: Nam rerum humanarum tanta est obscuritas, varietasque, ut nihil dilucide sciri possit, quemadmodum recte dictum est ab Academicis meis, inter philosophos quam minimum insolentibus. Aut si quid sciri potest, id non raro officit etiam vitæ iucunditati. Postremo sic sculptus est hominis animus, ut longe magis fucis, quam veris capiatur. Cuius rei si quis experimentum expositum et obvium quærat, conciones ac templa petat, in quibus si quid serium narratur, dormitant, oscitant, nauseant omnes. Quod si clamator ille (lapsa sum, declamator dicere volebam) ita ut sæpe faciunt, anilem aliquam fabellam exordiatur, expergiscuntur, eriguntur, inhiant omnes. Item si quis sit Divus fabulosiur et poeticus, quod si exemplum requiris, finge huius generis Georgium aut Christophorum, aut Barbaram, videbitis hunc longe religiosius coli, quam Petrum, aut Paulum, aut ipsum etiam Christum. Verum hæc non huius sunt loci. Iam quanto minoris constat hæc felicitatis accessio? Quandoquidem res ipsas aliquoties magno negotio pares oportet, vel levissimas, uti Grammaticen. At opinio facillime sumitur. Quæ tamen tantumdem, aut amplius etiam ad felicitatem conducat. Age si quis putribus vescatur salsamentis, quorum alius nec odorem ferre possit, et tamen huic ambrosiam sapiant, quæso, quid interest ad felicitatem? Contra, si acipenser alicui nauseam sapiat, quid referet ad vitæ beatitudinem? Si cui sit uxor egregie deformis, quæ tamen marito, vel cum ipsa Venere certare posse videatur, nonne perinde fuerit, ac si vere formosa foret? Si quis tabulam minio lutoque male oblitam, suspectet, ac demiretur, persuasum habens, Apellis aut Zeuxidis esse picturam, nonne felicior etiam fuerit eo, qui eorum

artificum manum magno emerit, fortassis minus ex eo spectaculo voluptatis percepturus? Novi ego quemdam mei nominis, qui novæ nuptæ gemmas aliquot adulterinas dono dedit, persuadens, ut erat facundus nugator, eas non modo veras ac nativas esse, verum etiam singulari atque inæstimabili pretio. Quæso, quid intererat puellæ, cum vitro non minus iucunde pasceret et oculos, et animum, nugas, perinde ut eximium aliquem thesaurum, conditas apud sese servaret? Maritus interim et sumptum effugiebat, et uxoris errore fruebatur, nec eam tamen sibi minus habebat devinctam, quam si magno empta donasset. Num quid interesse censetis inter eos, qui in specu illo Platonico variarum rerum umbras ac simulacra demirantur, modo nihil desiderent, neque minus sibi placeant? et sapientem illum qui specum egressus, veras res adspicit? Quod si Mycillo Lucianico dives illud et aureum somnium perpetuo somniare licuisset, nihil erat cur aliam optaret felicitatem. Aut nihil igitur interest, aut si quid interest, potior etiam stultorum conditio. Primum quod iis sua felicitas minimo constat, id est, sola persuasiuncula . Deinde, quod ea fruuntur cum plurimis communiter.

46. Porro nullius boni iucunda sine socio possessio. Quis enim nescit quanta sapientum paucitas, si modo quisquam inveniatur? quamquam ex tot sæculis Græci septem omnino numerant, quos mehercle, si quis accuratius excutiat, dispeream, si vel semisapientem inveniet, imo si vel trientem viri sapientis. Proinde cum inter multas Bacchi laudes, illud habeatur, ut est primarium, quod animi curas eluat, idque ad exiguum modo tempus, nam simulatque villum edormieris, protinus albis, ut aiunt, quadrigis recurrunt animi molestiæ: quanto meum beneficium cum plenius, tum præsentius, quæ perpetua quadam ebrietate, mentem gaudiis, delitiis, tripudiis, expleo, idque nullo negotio? Neque quemquam omnino mortalem mei muneris expertem esse sino, cum reliquæ numinum dotes aliæ ad alios perveniant. Non ubivis nascitur generosum et lene merum, quod curas abigat, quod cum spe divite manet. Paucis contigit formæ gratia, Veneris munus, paucioribus eloquentia, Mercurii donum. Non ita multis obtigerunt opes, dextro Hercule. Imperium non cuivis concedit Iupiter Homericus, Sæpenumero Mavors neutris favet copiis. Complures ab Apollinis tripode tristes discedunt. Sæpe fulminat Saturnius. Phoebus aliquando iaculis pestem immittit. Neptunus plures exstinguit quam servat. Ut interim Veioves istos, Plutones, Atas, Poenas, Febres, atque id genus, non Deos, sed carnifices commemorem. Ego sum una illa Stultitia, quæ omneis ex æquo tam parata beneficentia complector.

47. Nec vota moror, nec irascor, exposcens piamina, si quid cerimoniarum fuerit prætermissum. Nec coelum terræ misceo, si quis reliquis invitatis Diis, me domi relinquat, nec admittat ad nidorem illum victimarum. Nam cæterorum Deorum tanta in his est morositas, ut prope

maius sit operæ pretium, atque adeo tutius, illos negligere, quam colere. Quemadmodum sunt et homines nonnulli, tam difficiles, et ad lædendum irritabiles, ut præstiterit eos prorsum alienissimos habere, quam familiares. At nemo, inquiunt, Stultitiæ sacrificat, neque templum statuit. Equidem demiror, ut dixi, nonnihil hanc ingratitudinem. Verum hoc quoque pro mea facilitate boni consulo: quamquam ne hæc quidem desiderare possum. Quid enim est cur tusculum aut molam aut hircum, aut suem requiram, cum mihi mortales omnes ubique gentium eum cultum persolvant, qui vel a Theologis maxime probari solet? Nisi forte Dianæ debeam invidere, quod illi humano sanguine litatur. Ego me tum religiosissime coli puto, cum passim, ut faciunt omnes, animo complectuntur, moribus exprimunt, vita repræsentant. Qui quidem Divorum cultus, nec apud Christianos admodum frequens est. Quanta turba eorum, Deiparæ Virgini cereolum affigunt, idque in meridie, cum nihil est opus? Rursum quam pauci qui eamdem, vitæ castimonia, modestia, coelestium rerum amore studeant æmulari? Nam is demum verus est cultus, longeque Coelitibus gratissimus. Præterea cur templum desiderem, cum orbis hic universus templum mihi sit, ni fallor, pulcerrimum? Neque vero desunt mystæ, nisi ubi desunt homines. Nec iam usque adeo stulta sum, ut saxeas ac coloribus fucatas imagines requiram, quæ cultui nostro nonnumquam officiunt, cum a stupidis, et pinguibus istis, signa pro Divis ipsis adorantur. Nobis interim usu venit, quod solet iis, qui a vicariis suis extruduntur. Mihi tot statuas erectas puto, quot sunt mortales, vivam mei imaginem præ se ferentes, etiamsi nolint. Itaque nihil est quod reliquis Diis invideam, si aliis in angulis terrarum alii colantur, idque statis diebus: quemadmodum Rhodi Phoebus, in Cypro Venus, Argis Iuno, Athenis Minerva, in Olympo Iupiter, Tarenti Neptunus, Lampsaci Priapusa, modo mihi communiter orbis omnis longe potiores victimas assidue præbeat.

48. Atque si cui videor hæc audacius quam verius dicere, agedum paulisper ipsas hominum vitas inspiciamus, quo palam fiat, et quantum mihi debeant, et quanti me faciant maximi pariter ac minimi. At non quorumlibet vitam recensebimus, nam id quidem perlongum, verum insignium tantum, unde reliquos facile sit æstimare. Quid enim attinet de vulgo, plebeculaque commemorare, quæ citra controversiam tota mea est? tot enim undique Stultitiæ formis abundat, tot in dies novas comminiscitur, ut nec mille Democriti ad tantos risus suffecerint: quamquam illis ipsis Democritis rursum alio Democrito foret opus. Quin etiam incredibile sit dictu, quos ludos, quas delitias, homunculi quotidie præbeant Superis. Nam hi quidem horas illas sobrias, et antemeridianas iurgiosis consultationibus, ac votis audiendis impartiunt. Cæterum ubi iam nectare madent, neque lubet quidquam serium agere, tum qua parte coelum quam maxime prominet, ibi consident ac pronis frontibus, quid agitent homines speculantur. Nec est

aliud spectaculum illis suavius. Deum immortalem! quod theatrum est illud, quam varius stultorum tumultusa? Nam ipsa nonnumquam in Deorum poeticorum ordinibus considere soleo. Hic deperit mulierculam, et quo minus adamatur, hoc amat impotentius. Ille dotem ducit, non uxorem. Ille sponsam suam prostituit. Alius zelotypus velut Argus observat. Hic in luctu, papæ, quam stulta dicit facitque? conductis etiam velut histrionibus, qui luctus fabulam peragant. Ille flet ad novercæ tumulum. Hic quidquid undecumque potest corradere, id totum ventriculo donat, paulo post fortiter esuriturus. Hic somno et otio nihil putat felicius. Sunt qui alienis obeundis negotiis sedulo tumultuantur, sua negligunt. Est qui versuris, atque ære alieno divitem se esse putat, mox decocturus. Alius nihil arbitratur felicius, quam si ipse pauper hæredem locupletet. Hic ob exiguum, idque incertum lucellum, per omnia maria volitat, undis ac ventis vitam committens, nulla pecunia reparabilem. Ille mavult bello divitias quærere, quam tutum otium exigere domi. Sunt qui captandis orbis senibus, putant quam commodissime ad opes perveniri. Neque desunt, qui idem malint deamandis beatis aniculis aucupari. Quorum utrique tum demum egregiam de se voluptatem Diis spectatoribus præbent, cum ab iis ipsis, quos captant, arte deluduntur. Est omnium stultissimum ac sordidissimum negotiatorum genus, quippe qui rem omnium sordidissimam tractent, idque sordidissimis rationibus, qui cum passim mentiantur, peierent, furentur, fraudent, imponant, tamen omnium primos sese faciunt, propterea quod digitos habeant auro revinctos. Nec desunt adulatores Fraterculi, qui mirentur istos, ac venerabiles palam appellent, nimirum, ut ad ipsos aliqua male partorum portiuncula redeat. Alibi videas Pythagoricos quosdam, quibus usque adeo omnia videntur esse communia , ut quidquid usquam incustoditum nacti fuerint, id velut hæreditate obvenerit, æquo animo tollant. Sunt qui votis tantum divites sunt, et iucunda quædam sibi fingunt somnia, idque ad felicitatem satis esse putant. Nonnulli foris divites haberi gaudent, domi gnaviter esuriunt. Hic festinat quidquid habet profundere, ille per fas nefasque congerit. Hic candidatus ambit populares honores, ille ad focum semet oblectat. Bona pars lites numquam finiendas agitat, et hinc atque hinc certatim contendunt, ut prorogatorem iudicem, et collusorem ditent advocatum. Hic rebus novandis studet, ille magnum quiddam molitur. Est qui Hierosolymam, Romam, aut divum Jacobum adeat, ubi nihil est illi negotii, domi relictis cum uxore liberis. In summa, si mortalium innumerabiles tumultus, e Luna, quemadmodum Menippus olim, despicias, putes te muscarum, aut culicum videre turbam inter se rixantium, bellantium, insidiantium, rapientium, ludentium, lascivientium, nascentium, cadentium, morientium. Neque satis credi potest, quos motus, quas tragoedias ciat tantulum animalculum, tamque mox periturum. Nam aliquoties vel levis belli, seu pestilentiæ procella, multa simul millia rapit ac dissipat.

49. Sed ipsa stultissima sim, planeque digna, quam multis cachinnis rideat Democritus, si pergam popularium stultitiarum, et insaniarum formas enumerare. Ad eos accingar, qui sapientiæ speciem inter mortales tenent, et aureum illum ramum, ut aiunt, aucupantur, inter quos Grammatici primas tenent, genus hominum profecto, quo nihil calamitosius, nihil afflictius, nihil æque Diis invisum foret, nisi ego miserrimæ professionis incommoda dulci quodam insaniæ genere mitigarem. Neque enim pente katarais, id est, quinque tantum diris obnoxii sunt isti, quemadmodum indicat epigramma Græcum, verum sexcentis, ut qui semper famelici, sordidique in ludis illis suis, in ludis dixi, imo in phrontistêriois vel pistrinis potius, ac carnificinis inter puerorum greges, consenescant laboribus, obsurdescant clamoribus, foetore pædoreque contabescant, tamen meo beneficio fit, ut sibi primi mortalium esse videantur. Adeo sibi placent, dum pavidam turbam, minaci vultu voceque territant: dum ferulis, virgis, lorisque conscindunt miseros, dumque modis omnibus suo arbitratu sæviunt, asinum illum Cumanum imitantes. Interim sordes illæ, meræ munditiæ videntur, pædor amaricinum olet, miserrima illa servitus regnum esse putatur, ut tyrannidem suam nolint cum Phalaridis aut Dionysii imperio commutare. Sed longe etiam feliciores sunt, nova quadam doctrinæ persuasione. Siquidem cum mera deliramenta pueris inculcent, tamen, Dii boni, quem non illi Palæmonem, quem non Donatum præ sese contemnunt? idque nescio quibus præstigiis mire efficiunt, ut stultis materculis et idiotis patribus tales videantur, quales ipsi se faciunt. Iam adde et hoc voluptatis genus, quoties istorum aliquis Anchisæ matrem, aut voculam vulgo incognitam, in putri quapiam charta deprehenderit, puta bubsequam, bovinatorem aut manticulatorem, aut si quis vetusti saxi fragmentum, mutilis notatum litteris, alicubi effoderit: O Iupiter, quæ tum exsultatio, qui triumphi, quæ encomia, perinde quasi vel Africam devicerint, vel Babylonas ceperint. Quid autem cum frigidissimos et insulsissimos versiculos suos passim ostentant, neque desunt qui mirentur, iam plane Maronis animam in suum pectus demigrasse credunt. At nihil omnium suavius, quam cum ipsi inter sese mutua talione laudant ac mirantur, vicissimque scabunt. Quod si quis alius verbulo lapsus sit, idque forte fortuna hic oculatior deprehenderit, Hêrakleis, quæ protinus tragoediæ, quæ digladiationes, quæ convitia, quæ invectivæ? Male propitios habeam omneis Grammaticos, si quid mentior. Novi quemdam polutechnotaton, græcum, latinum, mathematicum, philosophum, medicum, kai tauta basilikon, iam sexagenarium, qui cæteris rebus omissis, annis plus viginti se torquet ac discrutiat in Grammatica, prorsus felicem se fore ratus, si tam diu liceat vivere, donec certo statuat, quomodo distinguendæ sint octo partes orationis, quod hactenus nemo Græcorum aut Latinorum ad plenum præstare valuit. Perinde quasi res sit bello quoque vindicanda, si quis coniunctionem facit dictionem ad adverbiorum ius pertinentem. Et hac

gratia, cum totidem sint grammaticæ quot grammatici, imo plures: quandoquidem Aldus meus unus, plus quinquies grammaticam dedit, hic nullam omnino quantum vis barbare aut moleste scriptam prætermittit, quam non evolvat, excutiatque: nemini non invidens, si quid quantumlibet inepte moliatur in hoc genere, misere timens, ne quis forte gloriam hanc præripiat, et pereant tot annorum labores. Utrum insaniam hanc vocare mavultis, an stultitiam? Nam mea quidem haud magni refert, modo fateamini meo beneficio fieri, ut animal omnium alioqui longe miserrimum, eo felicitatis evehatur, ut sortem suam neque cum Persarum regibus cupiat permutare.

50. Minus mihi debent Poetæ, tametsi vel ex professo meæ sunt factionis, quippe liberum genus, ut habet proverbium, quorum omne studium non alio pertinet, quam ad demulcendas stultorum aures, idque meris nugamentis, ac ridiculis fabulis. Et tamen his freti dictu mirum, ut cum sibi polliceantur immortalitatem, et Diis parem vitam, tum aliis eamdem promittant. Huic ordini præ cæteris familiares philautia kai kolakia, nec ab ullo mortalium genere color neque simplicius, neque constantius. Porro rhetores, quamquam nonnihil illi quidem prævaricantur, colluduntque cum philosophis, tamen hos quoque nostræ factionis esse, cum alia multa, tum illud in primis arguit, quod præter alias nugas, tam accurate, tam multa de iocandi ratione conscripserunt. Atque adeo stultitiam ipsam inter facetiarum species numerat, quisquis is fuit, qui ad Herennium dicendi artem scripsit: Quodque apud Quintilianum, huius ordinis longe principem, caput est de risu, vel Iliade prolixius: tantumque stultitiæ tribuunt, ut sæpenumero quod nullis argumentis dilui possit, risu tamen eludatur. Nisi et si quis hoc arbitretur ad Stultitiam non pertinere, ridiculis dictis excitare cachinnos, idque arte. Huius farinæ sunt et isti, qui libris edendis famam immortalem aucupantur. Hi cum omnes mihi plurimum debent, tum præcipue qui meras nugas chartis illinunt. Nam qui erudite ad paucorum doctorum iudicium scribunt, quique nec Persium, nec Lælium iudicem recusant, mihi quidem miserandi magis, quam beati videntur, ut qui sese perpetuo torqueant: addunt, mutant, adimunt, reponunt, repetunt, recudunt, ostendunt, nonum in annum premunt, nec umquam sibi satisfaciunt, ac futile præmium, nempe laudem, eamque perpaucorum, tanti emunt, tot vigiliis, somnique, rerum omnium dulcissimi, tanta iactura, tot sudoribus, tot crucibus. Adde nunc valetudinis dispendium, formæ perniciem, lippitudinem, aut etiam cæcitatem, paupertatem, invidiam, voluptatum abstinentiam, senectutem præproperam, mortem præmaturam, et si qua sunt alia eiusmodi. Tantis malis sapiens ille redimendum existimat, ut ab uno aut altero lippo probetur. At meus ille scriptor, quanto delirat felicius, dum nulla lucubratione, verum utcumque visum est animo, quidquid in calamum incidit, vel somnia sua, statim litteris prodit, levi dumtaxat

chartarum iactura, non ignarus futurum, ut quo nugaciores nugas scripserit, hoc a pluribus, id est, stultis et indoctis omnibus probetur. Quid enim est negotii, treis illos doctos, si tamen ea legerint, contemnere? Aut quid valebit, tam paucorum sapientum calculus, in tam immensa reclamantium turba? sed magis etiam sapiunt, qui aliena pro suis edunt, et alieno magnoque partam labore gloriam, verbis in se transmovent, hoc videlicet freti, quod arbitrentur futurum, ut etiam si maxime coarguantur plagii, tamen aliquanti temporis usuram sint interim lucrifacturi. Videre est operæ pretium, quam hi sibi placent, cum vulgo laudantur, cum digito ostenduntur in turba, houtos estin ho deinos ekeinos cum apud bibliopolas prostant, cum in omnium paginarum frontibus leguntur tria nomina, præsertim peregrina, ac magicis illis similia. Quæ, per Deum immortalem, quid aliud sunt quam nomina? Deinde quam a paucis cognoscenda, si mundi vastitatem respicias: tum a quanto paucioribus laudanda, ut sunt etiam indoctorum diversa palata. Quid quod ea ipsa nomina non raro confinguntur, aut e priscorum libris adoptantur? Cum alius sese Telemachum, alius Stelenum aut Lærtem, hic Polycratem, ille Thrasymachum sese nominari gaudet: ut nihil iam referat, etiam si chamæleonti aut cucurbitæ, sive quemadmodum solent philosophi loqui, alpha aut beta librum inscribas. Illud autem lepidissimum, cum mutuis epistolis, carminibus, encomiis sese vicissim laudant, stulti stultos, indoctos indocti. Hic illius suffragio discedit Alceus, ille huius Callimachus: ile huic est M. Tullio superior, hic illi Platone doctior. Nonnumquam etiam antagonistam quærunt, cuius æmulatione famam augeant. Hic scinditur incertum studia in contraria vulgus, donec uterque dux re bene gesta victor discedit, uterque triumphum agit. Rident hæc sapientes, ut, veluti sunt, stultissima. Quis enim negat? Sed interim meo beneficio suavem vitam agunt, ne cum Scipionibus quidem suos triumphos commutari. Quamquam docti quoque interim dum hæc magna cum animi voluptate rident, et aliena fruuntur insania, non paulum mihi debent et ipsi, quod inficari possunt, nisi sint omnium ingratissimi.

51. Inter eruditos iurisconsulti sibi vel primum vindicant locum, neque quisquam sibi placet, dum Sisyphi saxum assidue volvunt, ac sexcentas leges eodem spiritu contexunt, nihil refert quam ad rem pertinentes, dumque glossematis glossemata, opiniones opinionibus cumulantes, efficiunt ut studium illud omnium difficillimum esse videatur. Quidquid enim laboriosum, idem protinus et præclarum existimant. Adiungamus his dialecticos ac sophistas, hominum genus quovis ære Dodonæo loquacius, ut quorum unusquivis cum vicenis delectis muleribus garrulitate decertare possit, feliciores tamen futuri, si tantum linguaces essent, non etiam rixosi, adeo ut de lana caprina pertinacissime digladientur, et nimium altercando plerumque veritatem amittant. Hos tamen sua Philautia beatos reddit, dum tribus instructi syllogismis incunctanter audent quavis de re, cum quovis

manum conserere. Cæterum pertinacia reddit invictos, etiamsi Stentorem opponas.

52. Sub hos prodeunt philosophi, barba pollioque verendi, qui se solos sapere prædicant, reliquos omnes mortales, umbras volitare. Quam vero suaviter delirant, cum innumerabiles ædificant mundos, dum solem, dum lunam, stellas, orbes, tamquam pollice filove metiuntur, dum fulminum, ventorum, eclipsium ac cæterarum inexplicabilium rerum causas reddunt, nihil usquam hæsitantes, perinde quasi naturæ rerum architectrici fuerint a secretis, quasive e Deorum consilio nobis advenerint: quos interim Natura cum suis coniecturis, magnifice ridet. Nam nihil apud illos esse comperti, vel illud satis magnum est argumentum, quod singulis de rebus inexplicabilis inter ipsos est digladiatio. Ii cum nihil omnino sciant, tamen omnia se scire profitentur: cumque se ipsos ignorent, neque fossam aliquoties, aut saxum obvium videant, vel quia lippiunt plerique, vel quia peregrinantur animi, tamen ideas, universalia, formas separatas, primas materias, quidditates, ecceitates videre se prædicant, res adeo tenues, ut neque Lynceus, opinor, possit perspicere. Ium vero præcipue profanum vulgus adspernantur, quoties, triquetris, et tetragonis, circulis, atque huiusmodi picturis mathematicis, aliis super alias inductis, et in labyrinthi speciem confusis, præterea litteris velut in acie dispositis, ac subinde alio atque alio repetitis ordine, tenebras offundunt imperitioribus. Neque desunt ex hoc genere qui futura quoque prædicant consultis astris, ac miracula plusquam magica polliceantur, et inveniunt homines fortunati, qui hæc quoque credant.

53. Porro Theologos silentio transire fortasse præstiterit, kai tautên kamarinan ou kinein, nec hanc anagyrim tangere, utpote genus hominum mire superciliosum atque irritabile, ne forte turmatim sexcentis conclusionibus adoriantur, et ad palinodiam adigant, quod si recusem, protinus hæreticam clamitent. Nam illico solent hoc terrere fulmine, si cui sunt parum propitii. Sane quamquam non alii sunt, qui minus libenter agnoscant meam in se beneficentiam, tamen hi quoque non mediocribus nominibus obstricti sunt, dum felices sua Philautia perinde quasi ipsi tertium incolant coelum, ita reliquos mortaleis omneis ut humi reptantes pecudes, e sublimi despiciunt, ac prope commiserantur, dum tanto magistralium definitionum, conclusionum, corollariorum, propositionum explicitarum et implicitarum agmine septi sunt, tot exuberant krêsphugetois, ut nec Vulcaniis vinculis sic possint irretiri, quin elabantur distinctionibus, quibus nodos omneis adeo facile secant, ut non Tenedia bipennis melius, tot nuper excogitatis vocabulis, ac prodigiosis vocibus scatent. Præterea dum arcana mysteria suo explicant arbitratu, qua ratione conditus ac digestus sit mundus. Per quos canales labes illa peccati in posteritatem derivata sit: quibus modis, qua mensura, quantulo tempore in Virginis utero

sit absolutus Christus, quemadmodum in synaxi accidentia subsistant sine domicilio. Sed hæc protrita. Illa demum magnis et illuminatis, ut vocant, Theologis digna putant, ad hæc si quando incidunt, expergiscuntur. Num quod instans in generatione divina? Num plures in Christo filiationes? Num possibilis propositio, Pater Deus odit filium? Num Deus potuerit suppositare mulierem, num Diabolum, num asinum, num cucurbitam, num silicem? Tum quemadmodum cucurbita fuerit concionatura, editura miracula, figenda cruci? Et, quid consecrasset Petrus, si consecrasset eo tempore, quo corpus Christi pendebat in cruce? Et, num eodem tempore Christus homo dici potuerit: et num post resurrectionem edere aut bibere fas sit futurum, iam nunc famem sitimque præcaventes. Sunt innumerabiles leptoleschiai, his quoque multo subtiliores, de instantibus, de notionibus, de relationibus, de formalitatibus, de quidditatibus, ecceitatibus, quas nemo possit oculis adsequi, nisi tam Lynceus, ut ea quoque per altissimas tenebras videat, quæ nusquam sunt. Adde nunc his gnômas, illas, adeo paradoxous ut illa Stoicorum oracula, quæ paradoxa vocant, crassissima præ his videantur, et circumforanea, velut levius esse crimen, homines mille iugulare, quam semel in die Dominico calceum pauperi consuere. Et potius esse committendum, ut universus orbis pereat una cum victu et vestitu, quod aiunt, suo, quam unicum quantumlibet leve mendaciolum dicere. Iam has subtilissimas subtilitates subtiliores etiam reddunt tot scholasticorum viæ, ut citius e labyrinthis temet explices, quam ex involucris Realium, Nominalium, Thomistarum, Albertistarum, Occanistarum, Scotistarum, et nondum omneis dixi, sed præcipuas dumtaxat. In quibus omnibus tantum est eruditionis, tantum difficultatis, ut existimem ipsis Apostolis alio spiritu opus fore, si cogantur hisce de rebus cum hoc novo Theologorum genere conserere manus. Paulus fidem præstare potuit, at idem cum ait: 'Fides est substantia rerum sperandarum, argumentum non apparentium': parum magistraliter definivit. Idem ut caritatem optime præstitit, ita parum dialectice vel dividit, vel finit, in priore ad Corinthios epistola, cap. 13. Ac pie quidem illi consecrabant synaxim, et tamen rogati de termino a quo, et termino ad quem: de transsubstantiatione: de modo quo corpus idem sit in diversis locis: de differentia, qua corpus Christi est in coelo, qua fuit in cruce, qua in sacramento synaxeos: quo puncto fiat transsubstantiatio, cum oratio per quam ea fit, ut quantitas discreta sit in fluxu, non pari, sicut opinor, respondissent acumine, quo Scotidæ disserunt hæc, ac definiunt. Noverant illi Iesu matrem, sed quis eorum tam philosophice demonstravit, quomodo fuerit ab Adæ macula, præservata, quam nostri Theologi? Petrus accepit claves, et accepit ab eo, qui non committat indigno, et tamen an intellexerit, nescio, certe nusquam attigit subtilitatem, quomodo scientiæ clavem habeat is quoque, qui scientiam non habeat. Baptizabant illi passim, et tamen nusquam docuerunt, quæ sit causa formalis, materialis, efficiens, et finalis baptismi, nec characteris delebilis, et indelebilis apud hos ulla mentio.

Adorabant quidem illi, sed in Spiritu, nihil aliud sequentes, quam illud Evangelicum, spiritus est Deus, et eos qui adorant eum in spiritu et veritate oportet adorare. Verum haud apparet eis tum fuisse revelatum, una eademque adoratione adorandam imagunculam carbone delineatam in pariete, ut Christum ipsum, si modo duobus sit porrectis digitis, intonsa coma et in umbone qui adhæret occipitio, treis habeat notas. Quis enim hæc percipiat, nisi triginta sex annos totos in physicis, et ultramundanis Aristotelis et Scoticis contriverit? Idemtidem inculcant Apostoli gratiam, at iidem nusquam distinguunt, quid intersit inter gratiam gratis datam, et gratiam gratificantem. Hortantur ad bona opera, nec discernunt opus, opus operans et opus operatum. Passim inculcant caritatem, nec secernunt infusam ab acquisita, nec explicant, accidens ne sit, an substantia, creata res an increata. Detestantur peccatum, at, emoriar, si potuerunt scientifice definire, quid sit illud, quod peccatum vocamus, nisi forte Scotistarum spiritu fuerunt edocti. Nec enim adduci possum, ut credam Paulum, e cuius unius eruditione licet omneis æstimare, toties, damnaturum fuisse quæstiones, disceptationes, genealogias, et ut ipse vocat, logomachias, si eas percalluisset argutias, præsertim cum omnes illius temporis contentiones, pugnæque rusticanæ fuerint, et crassæ, si cum magistrorum nostrorum plus quam Chrysippeis subtilitatibus conferantur. Quamquam homines modestissimi, si quid forte scriptum sit ab Apostolis indolatius parumque magistraliter, non damnant quidem, sed commode interpretantur. Hoc videlicet honoris, partim antiquitati, partim Apostolico nomini deferentes. Et, hercle, parum æquum erat, res tantas ab illis requirere, de quibus ex præceptore suo, ne verbum quidem umquam audissent. Idem si eveniat in Chrysostomo, Basilio, Hieronymo, tum sat habent adscribere: 'Non tenetur'. Et illi quidem confutarunt Ethnicos Philosophos ac Iudæos, suapte natura pertinacissimos, sed vita magis ac miraculis quam syllogismis, tum eos quorum nemo fuerit idoneus, vel unicum Scoti Quodlibetum ingenio consequi. Nunc quis Ethnicus, quis Hæreticus non continuo cedat tot tenuissimis subtilitatibus, nisi tam crassus, ut non adsequatur, aut tam impudens ut exsibilet, aut iisdem instructus laqueis, ut iam par sit pugna, perinde quasi magum cum mago committas, aut si gladio fortunato pugnet aliquis cum eo, cui gladius sit fortunatus: tum enim nihil aliud quam tela Penelopes retexeretur. Ac meo quidem iudicio saperent Christiani, si pro pinguibus istis militum cohortibus, per quas iam olim ancipiti Marte belligerantur, clamosissimos Scotistas, et pertinacissimos Occanistas, et invictos Albertistas una cum tota Sophistarum manu, mitterent in Turcas et Saracenos: spectarent, opinor, et conflictum omnium lepidissimum, et victoriam non ante visam. Quis enim usque adeo frigidus, quem istorum non inflamment acumina? quis tam stupidus, ut tales non excitent aculei? Quis tam oculatus, ut hæc illi non maximas offundant tenebras? Verum hæc omnia videor vobis propemodum ioco dicere. Nec mirum sane, cum sint et inter ipsos Theologos melioribus instituti litteris, qui ad has frivolas, ut putant, Theologorum argutias nauseent. Sunt qui velut sacrilegii genus exsecrentur, summamque ducant impietatem, de rebus tam arcanis et adorandis magis quam explicandis, tam illoto ore loqui, tam profanis Ethnicorum argutiis disputare, tam arroganter definire, ac divinæ Theologiæ maiestatem tam frigidis, imo sordidis verbis simul et sententiis conspurcare. At interim ipsi felicissime sibi placent, imo plaudunt, adeo ut his suavissimis næniis, nocte dieque occupatis, ne tantulum quidem otii supersit ut Euangelium, aut Paulinas Epistolas vel semel liceat evolvere. Atque interim dum hæc nugantur in scholis, existimant sese universam Ecclesiam, alioqui ruituram, non aliter syllogismorum fulcire tibicinibus, quam Atlas coelum humeris sustinet apud poetas. Iam illud quantæ felicitatis esse putatis, dum arcanas litteras, perinde quasi cereæ sint, pro libidine formant ac reformant, dum conclusiones suas, quibus iam aliquot Scholastici subscripserunt, plus quam Solonis leges videri postulant, et vel pontificiis decretis anteponendas, dumque veluti censores orbis ad palinodiam trahunt, si quid usquam cum explicitis et implicitis illorum conclusionibus, non ad amussim quadrarit, ac non secus atque ex oraculo pronunciant: 'Hæc propositio scandalosa est: hæc parum reverentialis: hæc hæresim olet: hæc male tinnit': ut iam nec Baptismus, nec Euangelium, nec Paulus aut Petrus, nec sanctus Hieronymus aut Augustinus, imo nec ipse Thomas aristotelikôtatos Christianum efficiat, nisi Baccalauriorum calculus accesserit, tanta est in iudicando subtilitas. Quis enim sensurus erat eum Christianum non esse, qui diceret has duas orationes, 'matula putes', et 'matula putet', item 'ollæ fervere', et 'ollam fervere', pariter esse congruas, nisi sapientes illi docuissent? Quis tantis errorum tenebris liberasset Ecclesiam, quos ne lecturus quidem umquam quisquam fuerat, nisi magnis sigillis isti prodidissent? Verum, an non felicissimi dum hæc agunt? Præterea dum inferorum res omneis sic examussim depingunt, tamquam in ea republica complureis annos sint versati? Præterea dum pro arbitrio novos orbes fabricantur, addito denique latissimo illo, pulcerrimoque: ne scilicet deesset ubi felices animæ commode vel spatiari, vel convivium agitare, vel etiam pila ludere possent. His atque id genus bis mille nugis horum capita adeo distenta differtaque sunt, ut arbitrer nec Iovis cerebrum æque gravidum fuisse, cum ille Palladem parturiens, Vulcani securim imploraret. Quare nolite mirari, si videtis caput illorum tot fasciis tam diligenter obvinctum in publicis disputationibus, alioquin enim plane dissilirent. Illud ipsa quoque nonnumquam ridere soleo, cum ita demum maxima sibi videntur Theologi, si quam maxime barbare spurceque loquantur, cumque adeo balbutiunt, ut a nemine nisi balbo possint intelligi, acumen appellant, quod vulgus non adsequatur. Negant enim e dignitate Sacrarum Litterarum esse, si grammaticorum legibus parere cogantur. Mira vero maiestas theologorum, si solis illis fas est mendose loqui, quamquam hoc ipsum habent cum multis cerdonibus commune. Postremo iam Diis proximos sese ducunt, quoties quasi religiose Magistri Nostri salutantur, in quo quidem nomine, tale quiddam subesse putant, quale est apud Iudæos tetragrammaton. Itaque nefas aiunt esse Magister Noster secus quam maiusculis scribere litteris. Quid si quis præpostere, Noster Magister dixerit, is semel omnem Theologici nominis perverterit maiestatem.

54. Ad horum felicitatem proxime accedunt ii, qui se vulgo Religiosos ac Monachos appellant utroque falsissimo cognomine, cum et bona pars istorum longissime absit a Religione, et nulli magis omnibus locis sint obvii. Iis non video quid possit esse miserius, nisi ego multis modis succurrerem. Etenim cum hoc hominum genus omnes sic exsecrentur, ut fortuitum etiam occursum ominosum esse persuasum sit, tamen ipsi sibi magnifice blandiuntur. Primum summam existimant pietatem, si usque adeo nihil attigerint litterarum, ut ne legere quidem possint. Deinde cum Psalmos suos, numeratos quidem illos, at non intellectos, asininis vocibus in templis derudunt, tum vero se putant Divorum aures multa voluptate demulcere. Et sunt ex his nonnulli, qui sordes ac mendicitatem magno vendunt, proque foribus magno mugitu panem efflagitant, imo in nullis diversoriis, vehiculis, navibus non obturbant, non mediocri profecto reliquorum mendicorum iactura. Atque ad eum modum homines suavissimi, sordibus, inscitia, rusticitate, impudentia, Apostolos, ut aiunt, nobis referunt. Quid autem iucundius, quam quod omnia faciunt ex præscripto, quasi Mathematicis utentes rationibus, quas præterire piaculum sit. Quot nodos habeat calceus, quo colore cingula, vestis quot discriminibus varieganda, qua materia, quotque culmis latum cingulum, qua specie, et quot modiorum capax cucullus, quot digitis latum capillitium, quot dormiendum horas. Atque hæc quidem æqualitas in tanta corporum et ingeniorum varietate, quam sit inæqualis, quis non perspicit? Et tamen his nugis, non alios modo per se nauci faciunt, verum invicem alii alios contemnunt, atque homines apostolicam caritatem professi, ob aliter cinctam vestem, ob colorem paulo fusciorem, omnia miris tragoediis miscent. Ex his videas quosdam adeo rigide religiosos, ut summa veste, non nisi Cilicina utantur, intima Milesia, alios contra, qui superne linei sint, intime lanei. Rursum alios qui pecuniæ contactum ceu aconitum horreant, nec a vino interim, nec a mulierum contactu temperantes. Denique mirum omnibus studium, ne quid in ratione vitæ conveniat. Nec illud studio est, ut Christo similes sint, sed ut interse dissimiles. Porro magna felicitatis pars est in cognomentis, dum hi Funigeros appellari se gaudent, et inter hos, alii Coletas, alii Minores, alii Minimos, alii Bullistas. Rursum hi Benedictini, illi Bernardinos: hi Brigidenses, illi Augustinenses: hi Guilhelmitas, illi Iacobitas, quasi vero parum sit, dici Christianos. Horum magna pars in tantum suis nititur cerimoniis, et hominum traditiunculis, ut putet unum coelum parum

dignum esse tantis præmium, haud cogitantes futurum, ut Christus contemtis his omnibus, suum illud sit exacturus præceptum, nempe caritatis. Alius ostentabit aqualiculum, omni piscium genere distentum. Alius Psalmorum centum effundet modios. Alius ieiuniorum myriadas adnumerabit, et toties unico prandio pene disruptam imputabit alvum. Alius tantum cerimoniarum acervum proferet, quantum vix septem onerariis navibus vehi possit. Alius gloriabitur sexaginta annos numquam attactam pecuniam, nisi digitis duplici chirotheca munitis. Alius cucullam ingeret adeo sordidam et crassam, ut nullus nauta suo dignetur corpore. Commemorabit alius se plus quam undecim lustris spongiæ vitam egisse, semper eidem affixum loco: Alius raucam assiduo cantu vocem adducet: Alius lethargum solitudine contractum: alius linguam iugi silentio torpentem. At Christus interpellatis, numquam alioqui finiendis gloriis, undenam hoc, inquiet, novum Iudæorum genus? Unicam ego legem vere meam agnosco, de qua sola nihil audio. Et olim palam nulloque parabolarum utens involucro, paternam hæreditatem pollicitus sum, non cucullis, preculis, aut inediis, sed caritatis officiis. Nec eos agnosco, qui sua facta nimis agnoscunt, isti qui me quoque sanctiores videri volunt, Abraxasiorum coelos, si libet, occupent, aut ab his sibi novum exstrui coelum iubeant, quorum traditiunculas meis præceptis anteposuerunt. Cum hæc audient, et videbunt nautas et aurigas sibi præferri, quibus, putatis, vultibus sese mutuo contuebuntur? Sed interim spe sua felices sunt, non absque meo beneficio. Atque hos quidem, quamquam a republica semotos, nemo tamen audet contemnere, præcipue mendicantes, propterea quod omnia omnium arcana teneant, ex confessionibus, quas vocant. Quæ tamen prodere nefas habent, nisi si quando poti, fabulis amoenioribus delectare se volunt, sed coniecturis modo rem indicant, tacitis interim nominibus. Quod si quis hos crabrones irritarit, tum in popularibus concionibus probe ulciscuntur sese, et obliquis dictis hostem notant, adeo tecte, ut nemo non intelligat, nisi qui nihil intelligit. Nec prius oblatrandi finem faciunt, quam in os offam obieceris. Age vero quem tu mihi comoedum, quem circulatorem spectare malis, quam istos in concionibus suis rhetoricantes omnino ridicule, sed tamen suavissime imitantes ea quæ rhetores de dicendi ratione tradiderunt? Deum immortalem ! ut gesticulantur, ut apte commutant vocem, ut cantillant, ut iactant sese, ut subinde alios vultus induunt, ut omnia clamoribus miscent. Atque hanc orandi artem ceu rem arcanam fraterculus fraterculo, per manus tradit: eam tametsi mihi non est fas scire, tamen utcumque coniecturis sequar. Primo loco invocant, id quod a poetis mutuo sumserunt: deinde dicturi de caritate, a Nilo Aegypti fluvio sumunt exordium, aut crucis mysterium enarraturi, a Babylonio dracone Bel feliciter auspicantur: aut de ieiunio disputaturi, a duodecim zodiaci signis principium faciunt, aut de fide verba facturi, diu de quadratura circuli præloquuntur. Audivi ipsa quemdam eximie stultum, erravi, doctum volebam dicere, qui in concione celeberrima, divinæ Triadis mysterium explicaturus, quo et doctrinam suam non vulgarem ostentaret, et Theologicis satisfaceret auribus, nova prorsus ingressus est via, nimirum a litteris, syllabis, et oratione, tum a concordia nominis et verbi, adiectivi nominis et substantivi, mirantibus iam plerisque, ac nonnullis Horatianum illud apud se mussitantibus: 'Quorsum hæc tam putida tendunt?' Tandem huc rem deduxit, ut in Grammaticorum rudimentis sic expressum ostenderet totius Triadis simulacrum, ut nemo Mathematicorum in pulvere posset evidentius depingere. Atque in hac oratione theologôtatos ille totos octo menses ita desudarat, ut hodie quoque magis cæcutiat quam talpæ, nimirum, tota luminum acie ad ingenii cuspidem avocata. Verum haud poenitet hominem cæcitatis, ac parvo quoque putat emptam eam gloriam. Auditus est a nobis alius quidam octogenarius, adeo Theologus, ut in hoc Scotum ipsum renatum putes. Is explicaturus mysterium nominis Iesu, mira subtilitate demonstravit in ipsis litteris latere, quidquid de illo dici possit. Etenim quod tribus dumtaxat inflectitur casibus, id manifestum esse simulacrum divini ternionis. Deinde quod prima vox Iesus, desinat in s, secunda Iesum in m, tertia Iesu in u, in hoc arrêton subesse mysterium: nempe tribus litterulis indicantibus eum esse summum, medium, et ultimum. Restabat mysterium his quoque retrusius, Mathematica ratione. Iesus sic in duas æquales diffidit portiones, ut scilicet pentemimeres in medio resideret. Deinde docuit eam litteram apud Hebræos esse quam illi Syn appellent: porro syn Scotorum, opinor, lingua, peccatum sonat: atque hinc palam declarari, Iesum esse qui peccata tolleret mundi. Hoc tam novum exordium sic inhiantes admirati sunt omnes, præcipue Theologi, ut parum abfuerit, quin illis acciderit, quod olim Niobæ, cum mihi propemodum evenerit, quod ficulno illi Priapo, qui magno suo malo, Canidiæ Saganæque nocturna sacra spectavit. Nec iniuria profecto: nam quando similem ephodon, commentus est Demosthenes ille graius, aut Cicero Latinus? Illis vitiosum habebatur proemium, quod a re foret alienius: quasi vero non ad istum modum exordiantur et subulci, natura videlicet magistra. At hi docti præambulum suum, sic enim vocant, ita demum eximie Rhetoricum fore ducunt, si nusquam quidquam habeat cum reliquo argumento confine, ut auditor interim admirans, illud secum murmuret, quo nunc se proripit ille? Tertio loco ceu narrationis vice nonnihil ex Euangelio, sed cursim ac velut obiter interpretantur, cum id solum fuerit agendum. Quarto loco iam nova sumpta persona, quæstionem movent theologalem, aliquoties oute gês, oute ouranou haptomenên, atque id quoque ad artem arbitrantur pertinere. Hic demum Theologicum attollunt supercilium, Doctores solennes, Doctores subtiles, Doctores subtilissimos, Doctores seraphicos, Doctores sanctos, Doctores irrefragabiles, magnifica nomina auribus inculcantes. Tum syllogismos maiores, minores, conclusiones, corollaria, suppositiones frigidissimas ac plus quam scholasticas nugas apud imperitum vulgus iactitant. Superest iam quintus actus, in quo summum artificem præstare convenit. Hic mihi stultam aliquam et indoctam fabulam, ex speculo, opinor, historiali, aut gestis Romanorum in medium adferunt, et eamdem interpretantur allegorice, tropologice, et anagogice. Atque ad hunc quidem modum Chimæram suam absolvunt, qualem nec Horatius umquam adsequi potuit cum scriberet: 'Humano capiti' etc. Sed audierunt a nescio, quibus, ingressum orationis sedatum, minimeque clamosum esse oportere. Itaque principio sic exordiuntur, ut nec ipsi vocem propriam exaudiant, quasi referat dici, quod nullus intelligat. Audierunt nonnumquam ad concitandos adfectus, exclamationibus utendem esse. Proinde presse alioqui loquentes, subinde repente vocem tollunt furioso plane clamore, etiam cum nihil opus. Iures elleboro homini opus esse, perinde quasi nihil referat, ut clames. Præterea quoniam audierunt oportere sermonem in progressu fervescere, in singulis partibus principiis utcumque sane recitatis, mox mira vocis contentione utuntur, etiam si res sit frigidissima, atque ita denique desinunt, ut spiritu defectos credas. Postremo didicerunt, apud rhetores de risu fieri mentionem, eoque student et ipsi iocos quosdam adspergere, ê philê Aphroditê, quam plenos gratiarum, quamque in loco, ut plane onon pros tên luran esse dicas. Mordent quoque nonnumquam, sed ita, ut titillent magis quam vulnerent. Nec umquam verius adulantur, quam cum maxime parrêsiazesthai videri student. Denique tota actio est eiusmodi, ut iures eos a fori circulatoribus didicisse a quibus longe vincuntur. Quamquam utrique alteris usque adeo sunt similes, ut nemo dubitet, quin aut hi ab illis, aut illi ab his rhetoricen suam didicerint. Et tamen inveniunt hi quoque, mea nimirum opera, qui cum hos audiunt, Demosthenes meros, ac Cicerones audire se putant. Quod genus sunt præcipue mercatores ac mulierculæ: quorum auribus unice placere student, quod illi nonnullam prædæ portiunculam de rebus male partis soleant impertiri, si commode fuerint palpati. Illæ cum aliis multis de causis huic ordini favent, tum præcipue, quod in horum sinus soleant effundere, si quid in maritos stomachantur. Videtis, opinor, quantopere mihi debeat hoc hominum genus, cum cerimoniolis, et nugis derideculis, clamoribusque tyrannidem quamdam inter mortales exerceant, et Paulos atque Antonios sese credant.

55. Verum ego istos histriones tam ingratos beneficiorum meorum dissimulatores, quam improbos simulatores pietatis libenter relinquo. Iamdudum enim iuvat de regibus ac principibus aulicis a quibus simplicissime color, et, ut dignum est, ingenuis, ingenue nonnihil attingere. Qui quidem si vel semiunciam sani cordis haberent, quid esset horum vita tristius aut æque fugiendum? Neque enim existimabit vel periurio parricidioque parandum imperium, quisquis secum perpenderit, quam ingens onus sustineat humeris, qui vere principem agere velit. Eum quirerum gubernacula susceperit, publicum non privatum negotium gerere,

nihil nisi de commodis publicis oportere cogitare: a legibus, quarum ipse et auctor et exactor est, nec latum digitum discedere: officialium omnium et magistratuum integritatem sibi præstandam esse: sese esse unum omnium oculis expositum, qui vel ceu sidus salutare, morum innocentia, maximam rebus humanis salutem possit adferre, vel veluti cometa lethalis summam perniciem invehere. Aliorum vitia neque perinde sentiri, neque tam late manare. Principem eo loco esse, ut si quid vel leviter ab honesto deflexerit, gravis protinus ad quamplurimos homines vitæ pestis serpat. Tum quod multa secum adferat principum fortuna, quæ soleant a recto deducere, quod genus, delitiæ, libertas, adulatio, luxus, hoc acrius enitendum ac sollicitius advigilandum, necubi vel deceptus cesset in officio. Postremo, ut insidias, odia, cæteraque vel pericula, vel metus omittam capiti imminere verum illum regem, qui paulo post ab eo sit etiam de minimo quoque commisso rationem exacturus, idque tanto severius, quanto præstantius gessit imperium. Hæc, inquam, atque huiusmodi plurima, si princeps secum perpenderet, perpenderet autem si saperet, is nec somnum, nec cibum, opinor, iucunde capere posset. At nunc, meo munere, has omneis curas Diis permittunt, ipsi sese molliter curant, neque quemquam ad aurem admittunt, nisi qui iucunda loqui norit, ne quid animo sollicitudinis oboriatur. Se probe principis partes omneis implesse credunt, si venentur assidue, si bellos alant caballos, si suo commodo vendiderint magistratus ac præfecturas, si quotidie novæ rationes excogitentur, quibus civium opes attenuent et in suum converrant fiscum. Verum id apposite, repertis titulis, ut etiam si sit iniquissimum, aliquam tamen æquitatis speciem præ se ferat. Addunt data opera nonnihil adulationis, quo populares animos, utcumque sibi devinciant. Fingite mihi nunc quales sunt nonnumquam, hominem legum ignarum, publicorum commodorum pene hostem, privatis intentum commoditatibus, addictum voluptatibus, osorem eruditionis, osorem libertatis ac veri, nihil minus quam de reipublicæ salute cogitantem, sed omnia sua libidine, suisque utilitatibus metientem. Deinde addite huic torquem auream, omnium virtutum cohærentium consensum indicantem, tum coronam gemmis insignitam, quæ quidem admoneat eum heroicis omnibus virtutibus oportere cæteris antecellere. Præterea sceptrum, iustitiæ et undecumque incorrupti pectoris symbolum. Postremo purpuram eximiæ cuiusdam in rempublicam caritatis indicium. Hæc gestamina si princeps cum sua vita conferret, equidem futurum arbitror, ut plane pudescat ornatus sui, vereaturque ne quis nasutus interpres, totum hunc tragicum cultum, in risum, iocumque vertat.

56. Iam quid de proceribus aulicis commemorem? quorum plerisque cum nihil sit addictius, servilius, insulsius, abiectius, tamen omnium rerum primos sese videri volunt. Hac una in re tamen modestissimi, quod contenti, aurum, gemmas, purpuram, reliquaque virtutum ac sapientiæ insignia

corpore circumferre, rerum ipsarum studium omne concedunt aliis. Hoc abunde felices sibi videntur, quod regem herum vocare liceat, quod tribus verbis salutare didicerint, quod norint civiles titulos subinde inculcare, serenitatem, dominationem, et magnificentiam. Quod egregie perfricuerint faciem, quod festiviter adulentur. Nam hæ sunt artes, quæ vere nobilem et aulicum deceant. Cæterum si vitæ rationem omnem propius inspicias, nimirum meros Phæacas invenies, sponsos Penelopes , reliquum carmen agnoscitis, quod Echo vobis melius referet quam ego. Dormitur in medios dies, ibi Sacrificulus mercenarius ad lectum paratus, qui propemodum cubantibus adhuc sacrum expedite peragat. Mox ad ientaculum, quo vix peracto, iam interpellat prandium. Sub id alea, laterunculi, sortes, scurræ, moriones, scorta, lusus, inficetiæ. Interim una aut altera merenda. Rursum coena, post hanc repotia, non una per Iovem. Atque ad hunc modum, citra ullum vitæ tædium elabuntur horæ, dies, menses, anni, sæcula. Ipsa nonnumquam saginatior abeo, si quando viderim illos megalorrvntas, dum inter Nymphas unaquæque hoc sibi videtur Diis propior, quo caudam longiorem trahit, dum procerum alius alium cubito protrudit, quo Iovi vicinior esse videatur, dum sibi quisque hoc magis placet, quo graviorem catenam collo baiulat, ut robur etiam, non opes tantum ostentent.

57. Ac principum quidem institutum, Summi Pontifices, Cardinales, et Episcopi, iam pridem gnaviter æmulantur, ac prope superant. Porro si quis perpendat, quid linea vestis admoneat, niveo candore insignis, nempe vitam undiquaque inculpatam. Quid sibi velit mitra bicornis, utrumque fastigium eodem cohibente nodo, puta Novi pariter et Veteris Instrumenti absolutam scientiam. Quid manus chirothecis communitæ, puram et ab omni rerum humanarum contagio immunem sacramentorum administrationem. Quid pedum, nimirum, crediti gregis vigilantissimam curam. Quid prælata crux, videlicet, omnium humanorum affectuum victoriam. Hæc, inquam, atque id genus multa, si quis perpendat, nonne tristem ac sollicitam vitam egerit? At nunc belle faciunt, cum sese pascunt. Cæterum ovium curam aut ipsi Christo mandant, aut in Fratres, quos vocant, ac vicarios reiiciunt. Neque vel nominis sui recordantur, quid sonet Episcopi vocabulum, nempe laborem, curam, sollicitudinem. Verum in irretiendis pecuniis, plane Episcopos agunt, oud' alaoskopiê.

58. Ad eumdem modum Cardinales si cogitent sese in Apostolorum locum successisse, eadem ab ipsis requiri, quæ illi præstiterunt. Deinde non dominos esse, sed administratores spiritalium dotium, de quibus omnibus sint paullo post exactissime reddituri rationem. Imo si vel in cultu paulisper philosophentur, atque ita secum cogitent, quid sibi vult hic vestitus candor ? Nonne summam et eximiam vitæ innocentiam? Quid interior purpura? Nonne flagrantissimum in Deum amorem? Quid rursus exterior sinuosa

capacitate diffluens, ac totam reverendissimi complectens mulam, quamquam una vel camelo contegendo suffecerit? Nonne caritatem latissime sese pandentem ad subveniendum omnibus, hoc est, ad docendum, exhortandum, increpandum, admonendum, componenda bella, resistendum improbis principibus, et vel sanguinem libenter impendendum gregi Christiano, non solum opes. Quamquam quorsum omnino opes, pauperum Apostolorum vicem gerentibus? Hæc si perpenderent, inquam, nec eum locum ambirent, et libenter relinquerent, aut certe vitam plane laboriosam, atque sollicitam agerent, cuiusmodi veteres illi vixerunt Apostoli.

59. Iam Summi Pontifices, qui Christi vices gerunt, si conentur eiusdem vitam æmulari, nempe paupertatem, labores, doctrinam, crucem, vitæ contemptum, si vel Papæ, id est patris nomen vel Sanctissimi cognomen cogitent, quid erit in terris afflictius? aut quis eum locum omnibus emat facultatibus: emptum, gladio, veneno, omnique vi tueatur? Quantum his abstulerit commoditatum, si semel incessiverit sapientia? Sapientia dixi? Imo vel mica salis illius, cuius meminit Christus. Tantum opum, tantum honorum, tantum ditionis, tantum victoriarum, tot officia, tot dispensationes, tot vectigalia, tot indulgentias, tantum equorum, mulorum, satellitum, tantum voluptatum. Videtis, quantas nundinas, quantam messem, quantum bonorum pelagus paucis sim complexa. In quorum locum inducet vigilias, ieiunia, lacrymas, orationes, conciones, studia, suspiria, milleque id genus miseros labores. Neque vero negligendum, illud futurum, ut tot scriptores, tot copistæ, tot notarii, tot advocati, tot promotores, tot secretarii, tot mulotribæ, tot equisones, tot mensarii, tot lenones, pene mollius quiddam addideram, sed vereor ne durius sit auribus. In summa, tam ingens hominum turba, quæ Romanam sedem onerat, lapsa sum, honorat sentiebam, ad famem adigetur. Inhumanum quidem hoc, et abominandum facinus, at multo magis detestandum, ipsos etiam summos Ecclesiæ Principes ac vera mundi lumina, ad peram et baculum revocari. At nunc fere, si quid laboris est, id Petro et Paulo relinquitur, quibus abunde satis est otii. Porro si quid splendoris, aut voluptatis, id sibi sumunt. Atque ita fit, mea quidem opera, ut nullum pæne hominum genus vivat mollius, minusque sollicitum, ut qui abunde Christo satisfactum existiment, si mystico ac pæne scenico ornatu, cerimoniis, beatitudinum, reverentiarum, sanctitatum titulis, et benedictionibus ac maledictionibus, Episcopos agant. Priscum et obsoletum, nec horum omnino temporum, miracula edere: docere populum, laboriosum: sacras interpretari litteras, scholasticum: orare, otiosum: lacrymas fundere, miserum ac muliebre: egere, sordidum: vinci, turpe, parumque dignum eo, qui vix reges etiam summos, ad pedum beatorum admittit oscula: denique mori, inamabile: tolli in crucem, infame. Restant sola hæc arma ac benedictiones dulces, quarum meminit Paulus,

atque harum quidem sunt sane quam benigni, interdictiones, suspensiones, aggravationes, anathematizationes, ultrices picturæ, ac fulmen illud terrificum, quo solo nutu mortalium animas vel ultra tartara mittunt. Quod ipsum tamen sanctissimi in Christo patres, et Christi vicarii, in nullos torquent acrius, quam in eos qui instigante Diabolo, patrimonia Petri minuere atque arrodere conantur. Cuius cum hæc vox sit in Euangelio: 'Reliquimus omnia, et sequuti sumus te', tamen huius patrimonium appellant agros, oppida, vectigalia, portitoria, ditiones. Pro quibus dum zelo Christi accensi, ferro ignique dimicant, non absque plurimo Christiani sanguinis dispendio, tum demum Ecclesiam Christi sponsam sese credunt apostolice defendere, fortiter profligatis, ut vocant, hostibus. Quasi vero ulli sint hostes Ecclesiæ perniciosiores, quam impii pontifices, qui et silentio Christum sinunt abolescere, et quæstuariis legibus alligant et coactis interpretationibus adulterant, et pestilente vita iugulant. Porro cum Christiana Ecclesia sanguine sit condita, sanguine confirmata, sanguine aucta, nunc perinde quasi Christus perierit, qui more suo tueatur suos, ita ferro rem gerunt. Cumque bellum res sit adeo immanis, ut feras non homines deceat, adeo insana, ut poetæ quoque fingant a Furiis immitti, adeo pestilens, ut universam morum luem simul invehat, adeo iniusta, ut a pessimis latronibus optime soleat administrari, adeo impia, ut nihil cohæreat cum Christo, tamen omnibus omissis, hoc tantum agunt. Hic videas etiam decrepitos senes, iuvenilis animi robur præstare, nec offendi sumptibus, nec fatigari laboribus, nec deterreri quidquam si leges, si religionem, si pacem, si res humanas omneis sursum ac deorsum misceant. Neque desunt adulatores eruditi, qui istam manifestariam insaniam, zelum, pietatem, fortitudinem appellent, excogitata via, qua fieri potest, ut quis lethale ferrum stringat, adigatque in fratris sui viscera, manente nihilominus caritate illa summa, quam ex Christi præcepto debet proximo Christianus.

60. Equidem incerta sum adhuc, utrum his rebus exemplum dederint, an potius hinc sumpserint episcopi quidam Germanorum, qui simplicius, etiam omisso cultu, omissis benedictionibus, aliisque id genus cerimoniis, plane satrapas agunt, adeo ut propemodum ignavum, parumque decorum episcopo putent, alibi, quam in acie, fortem animam Deo reddere. Iam vero vulgus Sacerdotum, nefas esse ducens, a præsulum suorum sanctimonia degenerare, euge, quam militariter pro iure decimarum, ensibus, iaculis, saxis, omnique armorum vi belligerantur: quam hic oculati, si quid ex veterum litteris possint elicere, quo plebeculam territent, et plus quam decimas deberi convincant. At interim non venit in mentem, quam multa passim legantur de officio, quod illi vicissim præstare populo debeant. Nec saltem admonet eos vertex rasus, sacerdotem omnibus huius mundi cupiditatibus liberum esse oportere, neque quidquam nisi coelestia meditari. Sed homines suaves, se suo officio probe perfunctos aiunt, si preculas illas

suas, utcumque permurmurarint, quas, mehercule, demiror, si quis Deus vel audiat, vel intelligat, cum ipsi fere nec audiant, nec intelligant, tum cum eas ore perstrepunt. Verum hoc quidem sacerdotibus est cum profanis commune, ut ad emolumenti messem vigilent omnes, neque quisquam ibi leges ignoret. Cæterum si quid sarcinæ, id prudenter in alienos humeros reiiciunt, et aliis alii tamquam pilam per manus tradant. Siquidem laici quoque Principes, quemadmodum partes administrandi regni vicariis delegant, et vicarius item vicario tradit, ita pietatis studium omne plebi modestiæ causa relinquunt. Plebs in eos reiicit, quos Ecclesiasticos vocant, perinde quasi ipsis cum Ecclesia nihil omnino sit commercii, quasi Baptismi votis nihil prorsus sit actum. Rursum Sacerdotes, qui sese vocant Seculares, quasi mundo initiati non Christo, in regulares onus hoc devolvunt: regulares in monachos: monachi laxiores in arctiores: Omnes simul in mendicantes: mendicantes in Carthusienses, apud quos solos sepulta latet pietas, et adeo latet ut vix umquam liceat conspicere. Itidem pontifices in messe pecuniaria diligentissimi, labores illos nimium apostolicos, in episcopos relegant, episcopi in pastores, pastores in vicarios, vicarii in fratres mendicantes. Hi rursum in eos retrudunt, a quibus ovium lana tondetur. Verum non est huius instituti, pontificum ac sacerdotum vitam excutere, ne cui videar satyram texere, non encomium recitare, neve quis existimet bonos principes a me taxari, dum malos laudo. Sed hæc ideo paucis attigi, quo palam fieret, nullum esse mortalem, qui suaviter vivere possit, nisi meis initiatus sit sacris, meque propitiam habeat.

61. Nam id quo pacto fieri queat, cum ipsa etiam Rhamnusia, rerum humanarum fortunatrix , mecum adeo consentiat, ut sapientibus istis semper fuerit inimicissima? contra stultis etiam dormientibus omnia commoda adduxerit? Agnoscitis Timotheum illum, cui hinc etiam cognomen, et proverbium ê heudontos kurtos hairei. Rursum aliud glaux hiptatai. Contra in sapientes quadrant illa, en tetradi gennêthentes, et equum habet Seianum, et aurum Tolosanum. Sed desino paroimiazesthai, ne videar Erasmi mei commentaria suppilasse. Ergo ut ad rem: Amat Fortuna parum cordatos, amat audaciores, et quibus illud placet pas erriphthô kubos. At Sapientia timidulos reddit, ideoque vulgo videtis sapientibus istis cum paupertate, cum fame, cum fumo rem esse, neglectos, inglorios, invisos vivere: Stultos affluere nummis, admoveri reipublicæ gubernaculis, breviter, florere modis omnibus. Etenim si quis beatum existimet principibus placuisse viris, et inter meos illos, ac gemmeos Deos versari, quid inutilius sapientia, imo quid apud hoc hominum genus damnatius? Si divitiæ parandæ sunt, quid tandem lucri facturus est negotiator, si sapientiam secutus: periurio offendetur, si in mendacio deprehensus erubescet, si anxios illos de furtis, atque usuris sapientum scrupulos, vel tantuli faciet. Porro si quis honores, atque opes ambiat Ecclesiasticas, ad eas vel asinus,

vel bubalus citius penetrabit quam sapiens. Si voluptate ducaris, puellæ, maxima huius fabulæ pars, stultis toto pectore sunt addictæ, sapientem haud secus ac scorpium horrent fugiuntque. Denique quicumque paulo festivius ac lætius vivere parant, sapientem inprimis excludunt, ac quodvis animal potius admittunt. Breviter quoquo te vertas, apud pontifices, principes, iudices, magistratus, amicos, hostes, maximos, minimos, omnia præsentibus nummis parantur: quos uti contemnit sapiens, ita illum sedulo fugere consueverunt. Sed cum laudum mearum nullus sit modus, neque finis, tamen oratio aliquando finem habeat, necesse est. Itaque desinam dicere, sed si prius ostendero paucis, non deesse magnos auctores, qui me litteris suis pariter ac factis illustrarint, ne cui forte stulte mihi soli videar placere, neve legulei calumnientur, me nihil allegare. Ad ipsorum igitur exemplum allegabimus, hoc est, ouden pros epos.

62. Principio illud omnibus vel notissimo proverbio persuasum est: Ubi res abest, ibi simulationem esse optimam. Eoque recte statim traditur hic versus pueris: Stultitiam simulare loco, sapientia summa est. Vos iam ipsi coniicite, quam ingens sit bonum Stultitia, cuius etiam fallax umbra, et imitatio sola tantum laudis meretur a doctis. Sed multo candidius pinguis ille ac nitidus Epicuri de grege porcus miscere stultitiam consiliis iubet, tametsi brevem non admodum scite addidit. Item alibi: 'Dulce est desipere in loco.' Rursum alio in loco, mavult 'delirus, inersque videri, quam sapere, et ringi.' Iam apud Homerum Telemachus, quem modis omnibus laudat poeta subinde nêpios appellatur, atque eodem prænomine tamquam felicis ominis libenter pueros et adolescentes vocare solent tragici. Quid autem sacrum Iliadis carmen, nisi stultorum regum et populorum continet iras? Porro quam absoluta laus illa Ciceronis? Stultorum sunt plena omnia. Quis enim ignorat, unumquodque bonum, quo latius patet, hoc esse præstantius?

63. Atqui fortassis apud Christianos horum levis est auctoritas. Proinde Sacrarum quoque Litterarum testimoniis, si videtur, laudes nostras fulciamus, sive ut docti solent, fundemus, principio veniam a Theologis præfatæ, ut nobis fas esse velint, deinde quoniam arduam rem aggredimur, et fortassis improbum fuerit denuo Musas ex Helicone, ad tantum itineris revocare, præsertim cum res sit alienior, fortasse magis conveniet optare, ut interim dum Theologum ago, perque has spinas ingredior, Scoti anima paulisper ex sua Sorbona in meum pectus demigret, quovis hystrice atque erinaceo spinosior, moxque remigret quo lubebit, vel es korakas. Utinam et vultum alium liceat sumere, et ornatus adsit Theologicus. Verum illud interim vereor, ne quis me furti ream agat, quasi clanculum Magistrorum Nostrorum scrinia compilaverim, quæ tantum rei Theologicæ teneam. Sed non adeo mirum videri debet, si tam diutina, quæ mihi arctissima est, cum Theologis consuetudine, nonnihil arripui, cum ficulnus etiam ille Deus

Priapus, nonnullas Græcas voces, legente domino, subnotarit tenueritque. Et gallus Lucianicus longo hominum convictu sermonem humanum expedite calluerit. Sed iam ad rem bonis avibus. Scripsit Ecclesiastes capite primo: Stultorum infinitus est numerus. Cum numerum prædicat infinitum, nonne mortaleis universos complecti videtur, præter pauculos aliquot, quos, haud scio, an cuiquam videre contigerit? Sed magis ingenue confitetur hoc Ieremias cap. 10. 'Stultus', inquiens, 'factus est omnls homo a sapientia sua.' Soli Deo tribuit sapientiam, universis hominibus stultitiam relinquens. Ac rursum paulo superius: Ne glorietur homo in sapientia sua. Cur non vis hominem in sua sapientia gloriari, optime Ieremia? Nimirum, inquiet, ob id, quia non habet sapientiam. Sed ad Ecclesiasten redeo. Hunc, cum exclamat: 'Vanitas vanitatum et omnia vanitas,' quid aliud sensisse creditis, nisi, quemadmodum diximus, vitam humanam nihil aliud quam Stultitiæ ludicrum esse? nimirum Ciceronianæ laudi album addentem calculum, cuius optimo iure celebratur illud, quod modo retulimus: 'stultorum plena sunt omnia'. Rursum sapiens ille Ecclesiasticus, qui dixit: 'Stultus mutatur ut Luna, sapiens permanet ut Sol,' quid aliud innuit, nisi mortale genus omne stultum esse, soli Deo, sapientis nomen competere? Siquidem Lunam humanam naturam interpretantur, Solem omnis luminis fontem, Deum. Huic adstipulatur quod ipse Christus in Euangelio negat, quemquam appellandum bonum, nisi Deum unum. Porro si stultus est, quisquis sapiens non est, et quisquis bonus, idem sapiens, auctoribus Stoicis, nimirum mortales omneis Stultitia complectatur necessum est. Iterum Salomon cap. 15 'Stultitia', inquit, 'gaudium stulto', videlicet, manifeste confitens, sine stultitia nihil in vita suave esse. Eodem pertinet illud quoque: 'Qui apponit scientiam, apponit dolorem, et in multo sensu, multa indignatio.' An non idem palam confitetur egregius ille concionator cap. 7: 'Cor sapientum, ubi tristitia est: et cor stultorum, ubi lætitia'. Eoque non satis habuit sapientiam perdiscere, nisi nostri quoque cognitionem addidisset. Quod si mihi parum habetur fidei, ipsius accipite verba, quæ scripsit cap. 1: 'Dedique cor meum, ut scirem prudentiam atque doctrinam, erroresque et stultitiam.' Quo quidem loco illud animadvertendum, ad Stultitiæ laudem pertinere, quod eam posteriore posuit loco. Ecclesiastes scripsit, et hunc scitis esse ordinem Ecclesiasticum, ut qui dignitate primus sit, is locum obtineat extremum vel hic certe memor Euangelici præcepti. Sed Stultitiam præstantiorem esse Sapientia, et Ecclesiasticus ille quisquis fuit, liquido testatur cap. 44. cuius mehercle verba non prius proferam, quam eisagôgên meam commoda responsione adiuveritis, ut faciunt apud Platonem hi, qui cum Socrate disputant. Utra magis convenit recondere, quæ rara sunt et pretiosa, an quæ vulgaria viliaque? Quid tacetis? Etiam si vos dissimuletis, proverbium illud Græcorum pro vobis respondet, tên epi thurais hudrian, quod ne quis impie reiiciat, refert Aristoteles magistrorum nostrorum Deus. An quisquam vestrum tam stultus est, ut gemmas et aurum in via relinquat? non, hercle, opinor. In abditissimis penetralibus, nec id satis, in munitissimorum scriniorum secretissimis angulis ista reponitis, coenum in propatulo relinquitis. Ergo si quod pretiosius est reconditur, quod vilius exponitur, nonne palam est, sapientiam quam vetat abscondi, viliorem esse stultitia quam recondi iubet? Iam ipsius testimonii verba accipite: 'Melior est homo qui abscondit stultitiam suam, quam homo qui abscondit sapientiam suam.' Quid quod animi quoque canordem Divinæ litteræ stulto tribuunt, cum sapiens interim neminem sui similem putet. Sic enim intelligo, id quod scribit Ecclesiastes, cap. 10. 'Sed et in via stultus ambulans, cum ipse insipiens sit, omneis, stultos existimat.' An non istud eximii cuiusdam candoris est, omnes æquare tibi ipsi, cumque nemo non magnifice de se sentiat, omnibus tamen tuas communicare laudes? Proinde nec puduit tantum regem huius cognominis, cum ait cap. 30. 'Stultissimus sum virorum'. Neque Paulus ille gentium doctor, Corinthiis scribens, stulti cognomen illibenter agnoscit: 'Ut insipiens', inquit, 'dico, plus ego, perinde quasi turpe sit vinci stultitia'. Sed interim obstrepunt mihi Græculi quidam, qui tot huius temporis Theologorum, ceu cornicum oculos student configere, dum annotationes suas, veluti fumos quosdam aliis offundunt, cuius gregis si non Alpha, certe Beta meus est Erasmus, quem ego sæpius honoris causa nomino. O vere stultam, inquiunt, et ipsa dignam MORIA citationem. Longe diversa mens Apostoli quam tu somnias! Nec enim hoc agit his verbis, ut cæteris stultior haberetur, verum eum dixisse, 'ministri Christi sunt; et ego', seque veluti iactabundus in hac quoque parte æquasset cæteris, per correctionem adiecit, 'plus ego', sentiens, se non modo parem reliquis Apostolis in Euangelii ministerio, verum etiam aliquanto superiorem. Idque cum ita verum videri vellet, ne tamen ut arrogantius dictum offenderet aures, præmuniit stultitiæ prætextu. Ut minus sapiens dico, propterea quod diceret esse stultorum privilegium, ut soli, verum citra offensam, proloquantur. Verum quid Paulus senserit cum hæc scriberet, ipsis disputandum relinquo. Ego magnos, pingues, crassos, et vulgo probatissimos Theologos sequor, cum quibus magna pars doctorum errare, nê ton Dia, malit, quam cum istis trilinguibus bene sentire. Neque quisquam illorum Græculos istos pluris facit quam graculos: præsertim cum quidam gloriosus Theologus, cuius ego nomen prudens supprimo, ne graculi nostri continuo Græcum in illum scomma iaciant onos luras: Magistraliter et Theologaliter hunc passum enarrans, ab hoc loco. Ut minus sapiens dico, plus ego, novum facit caput, et quod absque summa Dialectica non poterat, novam addit sectionem, ad hunc interpretans modum: Adducam enim ipsius verba non solum in forma, verum etiam in materia. 'Ut minus sapiens dico, id est, si videor vobis insipiens, me Pseudapostolis adæquando, adhuc videbor vobis minus sapiens, me eis præferendo'. Quamquam idem paulo post, velut oblitus sui alio delabitur.

64. Sed cur anxie me unius exemplo tueor? cum hoc publicum ius sit Theologorum, coelum, hoc est, Divinam Scripturam, ceu pellem extendere: cum apud divum Paulum pugnent Divinæ Scripturæ verba, quæ suo loco non pugnant, si qua fides illi pentaglôttô Hieronymo, cum Athenis forte conspectum aræ titulum torqueret in argumentum fidei Christianæ, ac cæteris omissis, quæ causæ fuerant offectura, duo tantum extrema verba decerpserit, nempe hæc, IGNOTO DEO, atque hæc quoque nonnihil immutata, siquidem integer titulus sic habebat: DIIS ASIÆ, EUROPÆ, ET AFRICÆ, DIIS IGNOTIS, ET PEREGRINIS. Ad huius, opinor, exemplum passim iam hoi tôn theologôn paides, hinc atque hinc revulsa, quatuor aut quinque verbula, et si quid opus est, etiam depravata ad suam accommodant utilitatem, licet ea quæ præcedunt et consequuntur, aut nihil omnino faciant ad rem, aut reclament quoque. Quod quidem faciunt tam felici impudentia, ut sæpenumero theologis invideant iureconsulti. Quid enim illis iam non succedat, posteaquam magnus ille, pæne nomen effutiveram, sed rursus metuo Græcum proverbium, ex Lucæ verbis sententiam expresserit, tam consentaneam animo Christi quam igni cum aqua convenit. Etenim cum immineret extremum periculum, quo tempore solent boni clientes maxime suis adesse patronis, et quanta valent ope summachein, Christus hoc agens, ut omnem huiusmodi præsidiorum fiduciam eximeret ex animis suorum, percontatus est eos, numquid rei defuisset usquam, cum illos emisisset, adeo non instructos viatico, ut nec calceis muniret adversus spinarum et saxorum iniuriam, nec peram adderet, adversus famem. Ubi negassent defuisse quidquam, adiecit: 'Sed nunc, inquit, qui habet sacculum tollat, similiter et peram: et qui non habet, vendat tunicam suam, et emat gladium'. Cum tota Christi doctrina, nihil aliud inculcet, quam mansuetudinem, tolerantiam, vitæ contemptum, cui non perspicuum sit, quid hoc loco sentiat? nempe, ut magis etiam exarmet suos legatos, ut non tantum calceos negligant et peram, verum et tunicam insuper abiiciant, nudique et prorsus expediti, munus Euangelicum aggrediantur, nihil sibi parent, nisi gladium, non istum quo grassantur latrones, et parricidæ, sed gladium spiritus, in intimos quoque pectoris sinus penetrantem, qui semel affectus omneis sic amputat, ut nihil iam illis cordi sit, præter pietatem. At videte, quæso, quorsum hæc torqueat celebris ille theologus: Gladium interpretatur defensionem adversus persecutionem, sacculum sufficientem commeatus provisionem, perinde quasi Christus commutata in diversum sententia, quod oratores suos parum basilkôs instructos emisisse videretur, superioris institutionis palinodiam canat. Aut velut oblitus quod dixerat beatos fore, cum probris, contumeliis et suppliciis affligerentur, prohibens ne quando resisterent malo, mites enim beatos esse, non feroces, oblitus quod illos ad passerum, et liliorum exemplum vocarit, nunc adeo noluerit eos absque gladio proficisci, ut eum vel tunica divendita iubeat emi, malitque nudos ire, quam non accinctos ferro. Ad hæc

quemadmodum gladii nomine contineri putat, quidquid ad depellendam vim pertinet, ita marsupii titulo complectitur, quidquid ad vitæ pertinet necessitatem. Atque ita Divinæ mentis interpres Apostolos lanceis, ballistis, fundis et bombardis instructos educit ad prædicationem crucifixi. Loculis item, vidulis, et sarcinis onerat, ne forte non liceat illis e diversorio discedere, nisi impransis. Nec vel illud commovit hominem, quod ensem, quem tantopere iusserat emi, mox idem obiurgans iubeat recondi, quodque numquam fando sit auditum, Apostolos ensibus aut clypeis usos adversus vim Ethnicorum, utique usuros, si Christus hoc sensisset, quod hic interpretatur. Est alius, quem honoris causa non nomino, haud quaquam postremi nominis, qui e tentoriis, quorum meminit Habacuk, 'turbabuntur pelles terræ Madian', pellem fecerit Bartholomæi excoriati. Ipsa nuper interfui dissertationi Theologicæ, (nam id facio frequenter). Ibi cum quispiam exigeret, quæ tandem esset Divinarum Litterarum auctoritas, quæ iuberet Hæreticos incendio vinci, magis quam disputatione revinci: Senex quidam severus, et, vel supercilio teste, Theologus, magno stomacho respondit, hanc legem tulisse Paulum Apostolum, qui dixerit: 'Hæreticum hominem post unam et alteram correptionem devita'. Cumque ea verba idemtidem intonaret, et plerique demirarentur quid accidisset homini, tandem explanavit, de vita tollendum hæreticum. Risere quidam, nec deerant tamen quibus hoc commentum plane theologicum videretur, cæterum reclamantibus etiamnum nonnullis successit Tenedios, quod aiunt, sunêgopos et auctor irrefragabilis. Accipite rem, inquit: Scriptum est: 'Maleficum ne patiaris vivere': Omnis Hæreticus maleficus: Ergo etc. Mirati quotquot aderant, hominis ingenium, et in eam sententiam itum est pedibus, et quidem peronatis. Neque cuiquam venit in mentem, legem eam ad sortilegos et incantatores, ac magos at tinere, quos Hebræi sua lingua vocant mekaschephim, alioqui fornicationem et ebrietatem capite punire oportuit.

65. Verum hæc stulte persequor, tam innumera, ut nec Chrysippi, nec Didymi voluminibus omnia comprehendi possint. Illud dumtaxat admonitos volebam, cum hæc divinis illis magistris licuerint, mihi quoque plane sukinê theologô, par est dare veniam, si minus omnia ad amussim citavero. Nunc tandem ad Paulum redeo: 'Libenter', inquit, 'fertis insipientes,' de sese loquens. Et rursum 'velut insipientem accipite me.' Et: 'Non loquor secundum Deum, sed quasi in insipientia'. Rursum alibi: 'Nos', inquit, 'stulti propter Christum.' Audistis a quanto auctore quanta stultitiæ præconia. Quid, quod idem palam Stultitiam præcipit, ut rem in primis necessariam et oppido salutarem. 'Qui videtur esse sapiens inter vos, stultus fiat, ut sit sapiens'. Et apud Lucam, duos discipulos, quibus se iunxerat in via Iesus, stultos appellat. Illud haud scio, an mirum videatur, cum Deo quoque nonnihil stultitiæ tribuit divinus ille Paulus: 'Quod stultum est', inquit, 'Dei, sapientius est hominibus'. Porro Origenes interpres obsistit,

quo minus hanc stultitiam ad hominum opinionem possis referre: quod genus est illud: 'Verbum crucis pereuntibus quidem stultitiam'. Sed quid ego frustra anxia, tot testimoniis hæc docere pergo, cum in psalmis mysticis palam ipse Christus loquatur Patri: 'Tu scis insipientiam meam?' Neque vero temere est, quod Deo stulti tam impense placuerunt: opinor propterea, quod quemadmodum summi principes nimium cordatos suspectos habent, et invisos, ut Iulius Brutum et Cassium, cum ebrium Antonium nihil metueret, utque Nero Senecam, Dionysius Platonem: contra crassioribus, ac simplicioribus ingeniis delectantur. Itidem Christus sophous istos, suaque nitentes prudentia semper detestatur, ac damnat. Testatur id Paulus haud quaquam obscure, cum ait: 'Quæ stulta sunt mundi elegit Deus', cumque ait, 'Deo visum esse, ut per stultitiam servaret mundum', quandoquidem per sapientiam restitui non poterat. Quin ipse idem satis indicat, clamans per os Prophetæ: 'Perdam sapientiam sapientium, et prudentiam prudentium reprobabo'. Rursum cum agit gratias, quod salutis mysterium celasset sapientes, parvulis autem, hoc est, stultis, aperuisset. Nam Græce pro parvulis, est nêpiois, quos opposuit sophois. Huc pertinet quod passim in Euangelio, Pharisæos et scribas ac legum doctores incessit, vulgus indoctum sedulo tuetur. Quid enim aliud est, 'væ vobis, scribæ et pharisæi', quam, 'væ vobis sapientes'? At parvulis, mulieribus, ac piscatoribus potissimum delectatus esse videtur. Quin et ex animantium brutorum genere ea potissimum placent Christo, quæ a vulpina prudentia quam longissime absunt. Eoque asino maluit insidere, cum ille, si libuisset, vel leonis tergum impune potuisset premere. Ac Spiritus ille sacer in columbæ specie delapsus est, non aquilæ aut milvii. Præterea cervorum hinnulorum, agnorum, crebra passim in Divinis Litteris mentio. Adde, quod suos ad immortalem vitam destinatos, oves appellat. Quo quidem animante non est aliud insipientius, vel Aristotelico proverbio teste, probateion êthos: quod quidem admonet, ab eius pecudis stoliditate sumptum in stupidos et bardos, convitii loco dici solere. Atqui huius gregis Christus sese pastorem profitetur, quin etiam ipse agni nomine delectatus est, indicante eum Ioanne, Ecce agnus Dei: cuius multa fit et in Apocalypsi mentio. Hæc quid aliud clamitant, nisi mortaleis stultos esse, etiam pios? ipsum quoque Christum, quo stultitiæ mortalium subveniret, cum esset sapientia Patris, tamen quodammodo stultum esse factum, cum hominis assumpta natura, habitu inventus est ut homo? quemadmodum et peccatum factus est, ut peccatis mederetur. Neque alia ratione mederi voluit quam per stultitiam crucis, per Apostolos idiotas, ac pingues: quibus sedulo stultitiam præcipit, a sapientia deterrens, cum eos ad puerorum, liliorum, sinapis, et passerculorum exemplum provocat, rerum stupidarum ac sensu carentium, soloque naturæ ductu, nulla arte, nulla sollicitudine, vitam agentium. Præterea cum vetat esse sollicitos, qua essent apud præsides oratione usuri, cumque interdicit, ne scrutentur tempora vel momenta temporum, videlicet, ne quid fiderent suæ prudentiæ, sed totis animis ex se penderent. Eodem pertinet, quod Deus ille orbis architectus interminatur ne quid de arbore scientiæ degustarent, perinde quasi scientia felicitatis sit venenum. Quamquam Paulus aperte scientiam, veluti inflantem et perniciosam improbat. Quem divus Bernardus, opinor, sequutus, montem eum in quo Lucifer sedem statuerat, scientiæ montem interpretatur. Fortasse nec illud omittendum videatur argumentum, gratiosam esse apud superos stultitiam, quod huic solidatur erratorum venia, sapienti non ignoscitur, unde veniam orant, etiam si prudentes peccaverint, tamen stultitiæ prætextu patrocinioque utuntur. Nam sic Aaron uxoris pœnam deprecatur in Numerorum, si satis commemini, libris: 'Obsecro, domine mi, ne imponas nobis hoc peccatum, quod stulte commisimus'. Sic et Saul apud David culpam deprecatur: 'Apparet enim', inquiens, 'quod stulte egerim'. Rursum ipse David ita blanditur Domino: 'Sed precor, Domine, ut transferas iniquitatem servi tui, quia stulte egimus': perinde quasi non impetraturus veniam, nisi stultitiam et inscitiam obtenderet. Sed illud acrius urget, quod Christus in cruce, cum oraret pro suis inimicis. 'Pater ignosce illis': non aliam prætexuit excusationem, quam imprudentiæ, 'quia nesciunt', inquit, 'quid faciunt'. Ad eumdem modum, Paulus scribens ad Timotheum: 'Sed ideo misericordiam Dei consecutus sum, quia ignorans feci in incredulitate'. Quid est, 'ignorans feci', nisi per stultitiam feci, non malitiam? Quid est, 'ideo misericordiam consecutus sum', nisi non consecuturus, ni stultitiæ patrocinio commendatus? Pro nobis facit et mysticus ille Psalmographus, qui suo loco non veniebat in mentem: 'Delicta iuventutis meæ, et ignorantias meas ne memineris'. Audistis quæ duo prætexat, nimirum ætatem, cui semper comes esse soleo, et ignorantias, idque numero multitudinis, ut ingentem Stultitiæ vim intelligeremus.

66. Ac ne quæ sunt infinita persequar, utque summatim dicam, videtur omnino Christiana religio quamdam habere cum aliqua stultitia cognationem, minimeque cum sapientia convenire. Cuius rei si desideratis argumenta primum illud animadvertite, pueros, senes, mulieres, ac fatuos sacris ac religiosis rebus præter cæteros gaudere, eoque semper altaribus esse proximos, solo, nimirum, naturæ impulsu. Præterea videtis primos illos religionis auctores, mire simplicitatem amplexos, acerrimos litterarum hostes fuisse. Postremo nulli moriones magis desipere videntur, quam hi, quos Christianæ pietatis ardor semel totos arripuit: adeo sua profundunt, iniurias negligunt, falli sese patiuntur, inter amicos et inimicos nullum discrimen, voluptatem horrent, inedia, vigilia, lacrymis, laboribus, contumeliis saginantur, vitam fastidiunt, mortem unice optant, breviter, ad omnem sensum communem prorsus obstupuisse videntur, perinde quasi alibi vivat animus, non in suo corpore. Quod quidem quid aliud est, quam insanire? quo minus mirum videri debet, si Apostoli musto temulenti sunt visi, si Paulus iudici Festo visus est insanire. Sed posteaquam semel tên

leontên induimus, age doceamus et illud, felicitatem Christianorum, quam tot laboribus expetunt, nihil aliud esse, quam insaniæ stultitiæque genus quoddam, absit invidia verbis, rem ipsam potius expendite. Iam primum illud propemodum Christianis convenit cum Platonicis, animum immersum illigatumque esse corporeis vinculis, huiusque crassitudine præpediri, quo minus ea, quæ vere sunt, contemplari, fruique possit. Proinde Philosophiam definit esse mortis meditationem, quod ea mentem a rebus visibilibus, ac corporeis abducat, quod idem utique mors facit. Itaque quam diu animus corporis organis probe utitur, tam diu sanus appellatur, verum ubi ruptis iam vinculis, conatur in libertatem asserere sese, quasique fugam ex eo carcere meditatur, tum insaniam vocant. Id si forte contingit morbo, vitioque organorum, prorsus omnium consensu, insania est. Et tamen hoc quoque genus hominum videmus futura prædicere, scire linguas ac litteras, quas antea numquam didicerant, et omnino divinum quiddam præ se ferre. Neque dubium est id inde accidere quod mens a contagio corporis paulo liberior incipit nativam sui vim exserere. Idem arbitror esse in causa, cur laborantibus vicina morte, simile quiddam soleat accidere, ut tamquam afflati prodigiosa quædam loquantur. Rursum si id eveniat studio pietatis, fortasse non est idem insaniæ genus, sed tamen adeo confine, ut magna pars hominum meram insaniam esse iudicet, præsertim cum pauculi homunciones ab universo mortalium coetu, tota vita dissentiant. Itaque solet iis usu venire, quod iuxta Platonicum figmentum, opinor, accidere iis, qui in specu vincti rerum umbras mirantur, et fugitivo illi, qui reversus in antrum, veras res vidisse se prædicat, illos longe falli, qui præter miseras umbras nihil aliud esse credant. Etenim sapiens hic commiseratur, ac deplorat illorum insaniam, qui tanto errore teneantur. Illi vicissim illum veluti delirantem rident, atque eiiciunt. Itidem vulgus hominum ea quæ maxime corporea sunt, maxime miratur, eaque prope sola putat esse. Contra pii, quo quidquam propius accedit ad corpus, hoc magis negligunt, totique ad invisibilium rerum contemplationem rapiuntur. Nam isti primas partes tribuunt divitiis, proximas corporis commodis, postremas animo relinquunt: quem tamen plerique nec esse credunt, quia non cernatur oculis. E diverso illi primum in ipsum Deum, rerum omnium simplicissimum, toti nituntur: secundum hunc, et tamen in hoc, quod ad illum quam proxime accedit, nempe animum: corporis curam negligunt, pecunias ceu putamina prorsus aspernantur, ac fugitant. Aut si quid huiusmodi rerum tractare coguntur, gravatim, ac fastidienter id faciunt, habent tamquam non habentes, possident tamquam non possidentes. Sunt et in singulis rebus, gradus multum inter istos diversi. Principio sensus tametsi omnes cum corpore cognationem habeant, tamen quidam sunt ex his crassiores, ut tactus, auditus, visus, olfactus, gustus. Quidam magis a corpore semoti, veluti memoria, intellectus, voluntas. Igitur ubi se intenderit animus, ibi valet. Pii quoniam omnis animi vis ad ea contendit, quæ sunt a crassioribus sensibus alienissima, in his velut obbrutescunt, atque obstupescunt. Contra vulgus in his plurimum valet, in illis quam minimum. Inde est, quod audimus nonnullis divinis viris accidisse, ut oleum vini loco biberint. Rursum in affectibus animi, quidam plus habent cum pingui corpore commercii, veluti libido, cibi somnique appetentia, iracundia, superbia, invidia: cum his irreconciliabile bellum piis, contra vulgus sine his vitam esse non putat. Deinde sunt quidam affectus medii, quasique naturales, ut amor patris, caritas in liberos, in parentes, in amicos: His vulgus nonnihil tribuit. At illi hos quoque student ex animo revellere, nisi quatenus ad summam illam animi partem adsurgant, ut iam parentem ament, non tamquam parentem, quid enim ille genuit, nisi corpus ? quamquam hoc ipsum Deo parenti debetur, sed tamquam virum bonum, et in quo luceat imago summæ illius mentis, quam unam summum bonum vocant, et extra quam nihil nec amandum nec expetendum esse prædicant. Hac eadem regula reliqua item omnia vitæ officia metiuntur, ut ubique id quod visibile est, si non est omnino contemnendum, tamen longe minoris faciant, quam ea quæ videri nequeunt. Aiunt autem et in Sacramentis, atque ipsis pietatis officiis, corpus et spiritum inveniri. Velut in ieiunio non magni ducunt, si quis tantum a carnibus, coenaque abstineat, id quod vulgus absolutum esse ieiunium existimat, nisi simul et affectibus aliquid adimat, ut minus permittat iræ quam soleat, minus superbiæ: utque ceu minus iam onustus mole corporea, spiritus ad coelestium bonorum gustum, fruitionemque enitatur. Similiter et in synaxi, tametsi non est aspernandum, inquiunt, quod cerimoniis geritur, tamen id per se, aut parum est conducibile, aut etiam perniciosum, nisi id quod est spiritale accesserit, nempe hoc quod signis illis visibilibus repræsentatur. Repræsentatur autem mors Christi, quam domitis, exstinctis, quasique sepultis corporis affectibus, exprimere Mortales oportet, ut in novitatem vitæ resurgant, utque unum cum illo, unum item inter sese fieri queant. Hæc igitur agit, hæc meditatur ille pius. Contra, vulgus sacrificium nihil aliud esse credit, quam adesse altaribus, idque proxime, audire vocum strepitum, aliasque id genus cerimoniolas spectare. Nec in his tantum, quæ dumtaxat exempli gratia proposuimus, sed simpliciter in omni vita refugit pius ab his quæ corpori cognata sunt, ad æterna, ad invisibilia, ad spiritalia rapitur. Proinde cum summa sit inter hos et illos omnibus de rebus dissensio, fit ut utrique alteris insanire videantur. Quamquam id vocaibuli rectius in pios competit quam in vulgus, mea quidem sententia.

67. Quod quidem magis perspicuum fiet, si quemadmodum pollicita sum, paucis demonstraro, summum illud præmium nihil aliud esse, quam insaniam quamdam. Primum igitur existimate, Platonem tale quiddam iam tum somniasse, cum, amantium furorem omnium felicissimum esse, scriberet. Etenim qui vehementer amat iam non in se vivit, sed in eo quod amat, quoque longius a se ipso digreditur, et in illud demigrat, hoc magis ac

magis gaudet. Atque cum animus a corpore peregrinari meditatur, neque probe suis utitur organis, istud haud dubie furorem recte dixeris. Alioqui quid sibi vult, quod vulgo etiam dicunt: 'Non est apud se, et, ad te redi, et, sibi redditus est?' Porro quo amor est absolutior, hoc furor est maior, ac felicior. Ergo quænam futura est illa coelitum vita, ad quam piæ mentes tanto studio suspirant? Nempe spiritus absorbebit corpus, utpote victor ac fortior. Idque hoc faciet facilius, partim quod iam velut in suo regno est, partim quod iam olim in vita corpus, ad huiusmodi transformationem repurgarit, atque extenuarit. Deinde spiritus a mente illa summa mire absorbebitur, quippe infinitis partibus potentiore. Ita ut iam totus homo extra se futurus sit, nec alia ratione felix futurus, nisi quod extra sese positus, patietur quiddam ineffabile a summo illo bono, omnia in se rapiente. Iam hæc felicitas quamquam tum demum perfecta contingit, cum animi receptis pristinis corporibus, immortalitate donabuntur: Tamen quoniam piorum vita nihil aliud est, quam illius vitæ meditatio, ac velut umbra quædam, fit ut præmii quoque illius aliquando gustum aut ardorem aliquem sentiant. Id tametsi minutissima quædam stillula est, ad fontem illum æternæ felicitatis, tamen longe superat universas corporis voluptates, etiam si omnes omnium mortalium deliciæ in unum conferantur. Usque adeo præstant spiritualia corporalibus, invisibilia visibilibus. Hoc nimirum est quod pollicetur Propheta: 'Oculus non vidit, nec auris audivit, nec in cor hominis adscenderunt, quæ præparavit Deus diligentibus se'. Atque, hæc est Moriæ pars, quæ non aufertur commutatione vitæ, sed perficitur. Hoc igitur quibus sentire licuit, contingit autem perpaucis, ii patiuntur quoddam dementiæ simillimum, loquuntur quædam non satis cohærentia, nec humano more, sed dant sine mente sonum, deinde subinde totam oris speciem vertunt. Nunc alacres, nunc deiecti, nunc lacrymant, nunc rident, nunc suspirant; in summa, vere toti extra se sunt. Mox ubi ad sese redierint, negant se scire, ubi fuerint, utrum in corpore, an extra corpus, vigilantes an dormientes, quid audierint, quid viderint, quid dixerint, quid fecerint, non meminerunt, nisi tamquam per nebulam, ac somnium, tantum hoc sciunt se felicissimos fuisse, dum ita desiperent. Itaque plorant sese resipuisse, nihilque omnium malint, quam hoc insaniæ genus perpetuo insanire. Atque hæc est futuræ felicitatis tenuis quædam degustatiuncula.

68. Verum ego iam dudum oblita mei huper ta eskammena pêdô. Quamquam si quid petulantius aut loquacius a me dictum videbitur, cogitate et Stultitiam, et mulierem dixisse. Sed interim tamen memineritis illius Græcanici proverbii pollaki toi kai môros anêp katakairion eipen, nisi forte putatis hoc ad mulieres nihil attinere. Video vos epilogum exspectare, sed nimium desipitis, siquidem arbitramini, me quid dixerim etiam dum meminisse, cum tantam verborum farraginem effuderim. Vetus illud, misô mnamona sumpotan. Novum hoc, misô mnamona akroatên. Quare valete,

plaudite, vivite, bibite, Moriæ celeberrimi Mystæ.

Telos.

Printed in Great Britain
by Amazon.co.uk, Ltd.,
Marston Gate.